DEEP TECH

딥테크 스타트업

딥테크 스타트업

초판 1쇄 인쇄 2024년 2월 15일
초판 1쇄 발행 2024년 2월 20일

지은이 | 박종구
펴낸이 | 김승기
펴낸곳 | ㈜생능출판사 / 주소 경기도 파주시 광인사길 143
브랜드 | 생능북스
출판사 등록일 | 2005년 1월 21일 / 신고번호 제406-2005-000002호
대표전화 | (031) 955-0761 / 팩스 (031) 955-0768
홈페이지 | www.booksr.co.kr

책임편집 | 최동진 / 편집 신성민, 이종무
영업 | 최복락, 김민수, 심수경, 차종필, 송성환, 최태웅, 김민정
마케팅 | 백수정, 명하나

ISBN 979-11-92932-39-2 (03320)
값 19,800원

전 세계가 주목하는 비즈니스 트렌드를 주목하라

DEEP TECH

딥테크
스타트업

박종구 지음

ΛL 생능북스

프롤로그

인류 문명의 역사는 잠시도 전진을 멈춘 적이 없다. 우여곡절이 늘 있었고 때론 후퇴하는 것처럼 보였던 시기도 있었지만, 문명은 항상 발전해왔다. 큰 어려움이 있을 때마다 예상하지 못했던 사상이나 과학적 발견이 나타나 새롭게 도약하는 계기가 되었다. 그것이 산업혁명이든 기술혁명이든 과학혁명이든 그런 계기를 통해 기존과는 전혀 다른 산업, 기술, 과학이 자리를 잡았고, 정상(normal)−비정상(abnormal)−새로운 정상(뉴노멀)(new normal)의 순환을 반복했다.

거대한 난관, 즉 큰 도전에 부딪힌 시기에는 오히려 극복의 의지, 응전의 의지를 자극해 창조성을 발휘하는 과학 문화가 융성했고, 위기를 기회로 인식하는 도전적인 기업가들이 활동하는 무대가 됐었다. 당시로서는 극복하기 쉽지 않은 것들이 많은 어려운 시기였지만, 궁극적으로는 역사를 급진적으로 발전시키는 대변혁의 시기가 되었다.

전례를 찾아보기 힘든 도전

인류는 지금 전례 없는 큰 도전에 직면했다. 지금까지 있었던 여러 차례의 도전 중 어느 것 하나 가벼이 여길 만한 도전은 없었으나, 당면한 도전은 과거 어느 도전과 비교할 수 없는 새로운 성격을 가진 거대한 도전이다. 지금까지의 도전이 생산 효율성을 높이고 더욱 편리한 제품을 개발함으로써 극복할 수 있었던 국가별 산업 발전을 중심으로 한 것이었다면 이번 도전은 한 국가, 한 지역의 문제가 아니라 지구적으로 모든 영역에 걸쳐 있는 광범위한 도전인데다가 지금까지 쌓아온 인류 문명 자체를 위협하는 것으로부터 완전히 다른 새로운 방향을 찾아 대응해야 하는 도전이다.

인류 문명의 발달 뒤에 차곡차곡 쌓여온 어두운 그림자가 더 이상의 발전을 허용하지 않는 시점에 도달하고 있다. 그동안 있었던 여러 번의 도전은 그때까지 닦아놓은 바탕 위에 새로운 혁신 체계를 구축함으로써 해결할 수 있었다. 그러나 당면한 도전은 길게는 인류 역사 전체, 짧게는 산업혁명 이후 지금까지 구축해온 물질문명 자체에서 비롯된 것이므로 이전에 부딪혔던 도전에 대응했던 방식으로는 해결하기 어렵다.

생태계가 미처 적응하지 못할 속도로 기온이 빠르게 상승해 생태계를 위협하고 있으며 빙하와 만년설이 녹아내려 해수면을 상승시키고 영구동토대에 봉인되어 있던 화석 생물들이 세상 밖으로 나오면서 새로운 질병의 출현을 걱정하고 있다. 잦아지고 광폭

해지는 자연재해가 수십 년 넘게 구축해온 사회간접자본(인프라)과 생활 터전을 하루아침에 앗아가고 있다. 일부 지역의 소수 사람이 겪던 자연재해가 이제는 언제 어디서 누구든 당할 수 있는 일이 되었다. 기후변화 속도를 늦추지 못하면 인류를 포함한 지구 생태계의 미래를 보장할 수 없게 되었다. 이렇게 화석연료 사용을 당장에라도 멈춰야 할 판국임에도 세계 인구는 2000년 60억 명을 넘어선 이래 2022년 80억 명을 돌파할 만큼 빠른 속도로 늘어나고 있어서 이들을 부양하기 위해 화석연료 사용을 줄이기는커녕 오히려 늘려야 할 형편이다.

기후변화가 인류 전체가 나서서 극복해야 할 문제이긴 하지만 그 외에도 시급하게 해결해야 할 문제들이 줄지어 대기하고 있다. 이런 문제들 역시 오랜 기간 누적돼온 기술 발전의 결과로 해결이 쉽지 않으므로 '난제'[1]로 부른다. 이런 난제는 사회 안정에 영향을 미치므로 방치할 수 없고 어떻게든 해결해야 한다. 플라스틱은 20세기 최고의 발명품으로 꼽혔지만 분해되어 생기는 미세플라스틱이 지구 전체를 오염시키고 생태계를 파괴하고 있다. 급격하게 늘고 있는 자원 수요를 감당하기 어렵게 되었고 자원을 보유한 나라가 자원을 전략적으로 관리하게 됨에 따라 국제적 갈등이 높아지고 있다. 문명의 발전에도 불구하고 국가 간, 지역 간, 개인 간

---

1 영어로는 'wicked problem'이라고 하며 해결하기가 매우 어려운 까다로운 고약한 문제라는 의미를 갖고 있다.

소득과 문화의 격차가 점점 커지면서 발생하는 갈등 등 국가나 국제사회가 풀어야 할 과제가 한둘이 아니다.

응전

최근 들어 기온 상승 속도가 더욱 빨라지고 있어 기후변화 위기가 고조되고 있다. 범지구적으로 유례없이 심각한 위기를 맞아 UN을 주축으로 세계 각국이 기후변화 대응에 나서고 있다. 국제기구는 국제기구대로, 각국은 각국대로, 기업은 기업대로 대응에 골몰하고 있으나 성과가 금방 나올 수 있는 일은 아니다.

국제사회가 글로벌 난제를 해결하기 위해 각국이 자발적으로 행동하는 단계를 지나 강제성을 띤 집단행동에 들어갔고, 주요 선진국을 중심으로 사회경제적 난제 해결에 적극적으로 나서고 있다. 최근에는 과학기술을 기반으로 난제를 해결하는 것이 각국 정부의 중요한 정책이 되었다. 녹록지 않은 도전에 맞서야 하므로 지금까지와는 다른 새로운 접근방식이 필요하다. 난제를 해결하는 과정에서 새로운 방식이 확산하고 정착되면서 새로운 패러다임이 형성되고 그 패러다임을 뒷받침할 새로운 국제 규범이 만들어질 것이다.

다행스럽게도 기후변화 위기가 고조되면서 기후변화를 바라보는 사회 전반의 인식이 크게 달라지고 있다. 게다가 코로나 팬데믹을 거치면서 기후변화에 대한 사회 인식이 더욱 빠르게 변하고 있다. 그동안 단기적으로 큰 이익을 추구하는 효율성에 매몰된 환경에서 설 자리를 찾을 수 없었던 저탄소, 친환경 과학과 기술이 빛을 볼 수 있는 여지가 생겼다. 기후변화나 자원고갈 등 글로벌 난제를 해결하기 위해서는 결국 과학기술에 의존할 수밖에 없지만, 과학기술이 취해왔던 기존 접근방식과는 달라야 한다. 그런데도 여전히 기존 패러다임에서 벗어나지 못한 채 대안을 찾고 있어서 기후변화 속도를 완화할 수 있을지에 의문을 품게 된다. 점진적인 혁신이 아니라 아예 판(패러다임)을 바꾸는 대전환, 대변혁을 통해 문제해결을 시도해야 한다.

새로운 길, '딥테크'

지금까지의 과학기술이 기후변화라는 심각한 업보를 남기긴 했으나 위대한 발전을 이룬 것은 분명하다. 이런 과학기술의 토대 위에 과학 문명의 새로운 그림을 그려야 한다. 과학과 기술은 물론, 자연과 인간(사회)을 아우르는 문명 발전의 새로운 패러다임을 만들어야 한다. 인공 태양을 만들어 에너지 문제를 해결하고, 생물의 대사를 이용해 우리에게 필요한 물질을 제조하며, 자원을 100% 재활용해 자원 부족을 해결할 수 있다면 인류 문명은 기후변화를 완화하고 더 이상 자연을 파괴하지 않으며 궁극적으로는 원래의 자연과 가까운 상태로 되돌려놓을 수 있게 될 것이다. 이것이 바로 과학기술에 걸고 있는 '기대'다.

지금까지 과학의 발전으로 새로운 가능성을 가진 수많은 발견(지식)이 축적돼있을 뿐만 아니라 새로운 발견이 계속되고 있다. 기술(공학)적으로는 원자나 분자를 직접 다루는 수준에 도달했고 생체시스템을 모방해 자연친화적인 방법으로 물질을 제조할 수 있는 단계에 도달했다. 첨단기술을 이용해 짧은 기간 내 이전보다 적은 비용으로 새로운 과학적 발견을 현실로 구현하는 일이 가능해졌다. 이전에는 실현할 수 없을 것으로 보였던 꿈의 기술도 첨단기술의 발전 덕분에 실현할 수 있게 되었다. 이른바 '딥테크(deep tech)'로 부르는 영역이다. 딥테크는 지금까지 활용되지 않은 과학적 발견을 이용해 새로운 방법으로 난제 해결에 도전한다. 기후변화의 난제를 해결하기 위해 처음부터 탄소를 전혀 발생시키지 않거나 이미 배출된 탄소를 제거(흡수)하는 것에서 출발하는 것이다. 무작정 시도하는 것이 아니라 유전자 제어를 통해 자연이 하는 것과 같은 방법으로 물질을 합성하거나 이산화탄소를 흡수해 영양소를 만드는 인공광합성과 같이 과학적 발견을 바탕으로 의도적으로 시도하는 것이 특징이다.

딥테크는 이미 이 영역에만 집중적으로 투자하는 전문 벤처캐피털(VC)이 생겨날 정도로 투자가 확대되고 있다. 2000년대 초반 등장한 딥테크 스타트업 중 일부가 벌써 유니콘 기업으로 성장하여 새로운 비즈니스, 투자의 모델이 되고 있다. 최근 mRNA 백신이 유래를 찾을 수 없는 짧은 기간에 개발되어 코로나 팬데믹을 진정시키는 과정을 보면서 딥테크가 난제 해결에 어떻게 기여하고 또 얼마나 큰 경제적 효과를 가져올 수 있는지를 실감하게 되었다. 더욱이 최근에는 꿈의 기술인 핵융합에 도전하는 딥테크 스타트업들이 에너지 문제를 해결하는 궁극의 목표에 접근하고 있어 희망을 주고 있다. 딥테크는 더 이상 공공영역에서 진행되는 기술개발이 아니라 난제를 해결하는 것이 곧 대형 비즈니스가 되는 민간영역으로 들어오고 있다.

딥테크는 도전적인 모험가에게는 새로운 기회로, 투자 대상을 물색하는 투자자에게는 새로운 투자처로, 일반인에게는 기후변화 등 난제를 해결하는 방안으로 주목받고 있다. 여러 난제를 해결하는 일에 골몰하고 있는 선진국들도 딥테크를 육성하는 정책을 내놓고 있다.

이 책은

미국, EU, 중국, 일본 등 여러 나라가 딥테크에 주목하고 있고 딥테크를 육성하기 위해 생태계를 구축하는 노력을 하고 있으나 우리나라에서는 아직 이렇다 할 관심을 보이지 않고 있다. 이 책은 딥테크와 관련 동향을 소개함으로써 우리나라가 새로운 패러다임을 향한 움직임을 놓치지 않도록 하고, 일반인이나 투자 영역에 종사하는 분들이 딥테크를 이해함으로써 딥테크가 성장할 수 있는 환경을 조성하는 것에 목적이 있다.

이 책은 총 10개의 장으로 구성되어 있다. 1장에서는 딥테크의 배경이 되는, 새로운 길을 찾아야만 하는 환경을 서술하였다. 2장에서는 딥테크를 소개하고, 3장에서는 딥테크 비즈니스가 이뤄지고 있는 현황을 주요 딥테크 스타트업의 비즈니스 내용과 함께 소개하였다. 4장에서는 딥테크가 출현하게 된 사회경제적, 과학기술적 배경을 서술하였다. 5장에서는 딥테크가 성장하게 된 환경과 딥테크가 필요한 영역을 서술하였으며, 6장에서는 딥테크 투자와 정책 현황을 소개하였다. 7장에서는 딥테크를 개발하기 위해 해야 할 일, 8장에서는 딥테크 스타트업의 성공 전략을 기술하였다. 9장에서는 딥테크가 새로운 패러다임으로 성장하는 데 필요한 생태계를 조성하는 방안을 대표적인 사례와 함께 기술하였다. 마지막으로 10장에서는 향후 딥테크가 나아갈 방향을 전망하였다.

끝으로, 이 책을 통해 아직은 생소하게 들리는 '딥테크'를 이해하고 딥테크 스타트업의 비즈니스를 통해 딥테크가 가져올 미래의 모습을 그려 보게 되기를 기대한다. 또한 딥테크가 여러 가능한 선택 중 하나가 아니라 위기에 빠진 지구를 구하는 피할 수 없는 움직임이며 동시에 대단히 큰 비즈니스 기회로 인식되기를 기대한다. 이 책을 읽는 창업 희망자에게는 도전의 기회, 투자자에게는 투자 대상이나 투자 대상을 물색하는 방법을 찾는 기회, 정부를 포함한 공공 부문에게는 대변혁을 대비하는 기회를 마련하는 계기가 되기를 바란다.

차례

1장

새로운 길을 찾아야 할 때

DEEP TECH

들어가며(지난 20년을 돌아보며)

계속해서 변하는 상황에 묻혀 살다 보면 주변에서 일어나는 변화를 실감하지 못하는 경우가 많다. 최근 20년간의 변화를 되돌아보기 위해 다음과 같은 상황을 설정해보자.

지금으로부터 20여 년 전인 서기 2000년 우주 개척의 임무를 띠고 지구를 떠났던 우주인이 최근 돌아와서 달라진 세상을 보게 되었다. 그가 없는 동안 지구는 스마트폰이 지배하는 세상으로 변했으며 그가 다루던 첨단 컴퓨터보다 성능이 훨씬 더 좋은 스마트폰을 누구나 손에 들고 있었다. 생성형 인공지능(AI) 챗GPT의 열풍이 불고 있었고 AI가 인간세계를 파괴할지도 모른다는 걱정을 하기도 했다. 전혀 들어본 적 없는 전염병이 여러 차례 나타나 세계를 마비시킨 일이 있었으며 가장 최근에는 코로나 팬데믹으로 세계가 동시에 셧다운되었으나 3년 만에 회복되었다는 것을 알았다. 10년 이상 걸리던 백신을 불과 1년 만에 개발해 팬데믹을 진정시켰다는 것을 알고 놀라지 않을 수 없었다. 한편으론 세계의 많은 나라가 극심한 가뭄이나 홍수, 거대한 산불, 태풍 등 자연재해로 예전보다 더 큰 고통을 받고 있다는 것도 알게 되었다. 온실가스 문제를 해결하려는 국제 활동이 시작된 후에 지구를 떠났었는데 해결은커녕 상황이 더욱 심각해진 것을 도대체 이해할 수 없었다. 20년 동안 기술이 몰라보게 발전하였음에도 기후변화 속도가 더욱 빨라지고 있는 것을 보고 놀라지 않을 수 없었다. 지구로 돌아올 때쯤이면 훨씬 살기 좋은 환경이 되었을 것이란 기대는 완전히 무너졌다.

우리는 눈부신 발전을 이뤄온 물질문명 덕분에 현재의 풍요롭고 편리한 세상을 살고 있다. 지구의 대부분 지역을 하루 안에 갈 수 있고, 수백 ㎞ 떨어진 먼 거리를 하루 생활권 내에 두고 있는, 예전에는 생각할 수 없었던 일들이 가능해졌다. 계절과 상관없이 원하는 농산물을 언제든 구할 수 있었고, 수직농장에서 인공으로 재배한 깨끗한 농산물을 먹게 되었다. 인터넷을 통해 세계 어디든 실시간 연결이 가능하며 인류가 축적해 놓은 엄청난 양의 정보를 짧은 시간 안에 손에 넣을 수 있었다. 인터넷으로 연결된 전자기기 덕분에 편리하기가 이를 데 없는 세상을 살고 있었으며, 지금은 인터넷 혁명에 AI까지 더해져 상상하는 것은 무엇이든 현실이 되는 세상이 되었다.

이렇게 발전해온 인류가 큰 도전에 직면하고 있다. 그 이유가 다름 아닌 그동안의 발전이 빚어낸 결과 때문이라는 것이 아이러니가 아닐 수 없다. 기후변화로 귀결되는 발전의 대가를 치러야 하는 임계점에 도달했다. 1차 산업혁명 이후 산업활동의 결과로 대기 중에 2배 이상 축적된 온실가스(이산화탄소, 간단히 탄소라고 함)의 영향으로 지구의 평균기온이 높아지고 지구 전역이 홍수, 고온 혹은 열풍, 냉해, 가뭄(식수 부족), 산불, 폭풍, 빙하 소실(해수면 상승), 생물다양성의 축소(멸종), 숲의 황폐화, 식량 생산 감소, 새로운 전염병 출현 등으로 고통받고 있다. 산업혁명 이전과 비교했을 때 지구의 평균 온도 상승을 섭씨 1.5℃ 이하로 낮추지 못하면 파멸적인 결과를 초래할 가능성이 점점 현실로 다가오고 있다.

기후변화로 인한 경제적 손실[2]은 2021년에서 2070년 사이 대략 178조 달러에 이를 것이며 이 중 아시아 태평양 지역의 손실이 96조 달러로 가장 클 것으로 예측하고 있다.[3] 세계의 경제 손실은 2070년에만 25조 달러, 아시아 태평양 지역은 16조 달러에 달할 것으로 예측되며, 이는 국민총생산(GDP)이 각각 7.6%, 9.4% 감소하는 것에 해당한다. 경제가 퇴보하는 것 외에도 식량이나 물 부족, 일자리 감소, 보건 환경 악화 등 삶의 질이 악화하는 것을 피

---

2 The turning point—A global summary, Deloitte, May 2022.
3 2021년 중국의 경제 규모가 약 14조 달러임을 참고하면 손실의 심각성을 알 수 있다.

하기 어렵다. 또한 기후변화로 인한 폐해는 그 원인과 결과가 나라마다 다르므로 국가 간 갈등으로 이어져 기후변화에 대응하는 동력이 떨어지고 악순환을 불러올 여지도 있다.

현재의 우리가 스스로 위험에 빠진 것도 문제지만 후손에게까지 나쁜 환경을 물려주거나 다른 생물종을 멸종에 이르게 할 권리는 그 어디에도 없다. 파괴된 지구 환경을 복원해 자연과 인간이 공존하고 번영할 수 있는 환경을 만들어 후손에게 안전한 삶의 공간을 넘겨주는 것은 오늘을 사는 우리의 의무다.

국제사회는 그동안 기후변화의 문제를 심각하게 받아들이고 기후변화 속도를 완화하기 위해 다양하게 노력해왔다. 기후변화에 대응하는 움직임은 범지구적 환경을 이슈로 다룬 1972년 스톡홀름 회의에서부터 시작되었으며 선진국의 온실가스 감축목표를 규정한 교토의정서가 1997년 본격 실행되었다. 2015년 파리기후변화협정을 통해 세계의 모든 국가가 참여하는 보편적인 기후변화 대응 체제가 마련되었으며 2016년 11월 발효되었다. 파리협정은 선진국에만 온실가스 감축 의무를 부여했던 교토의정서와 달리 195개 당사국 모두에게 구속력 있는 보편적인 기후변화 합의라는 점에서 큰 의의가 있다. 파리협정은 지구의 평균기온 상승을 2℃ 이내의 낮은 수준으로 유지하기로 하되 세부적으로 온도 상승을 1.5℃ 이하로 제한하는 것을 추구한다는 내용을 담고 있어 사실상 온도 상승 제한 목표를 '1.5℃ 이내'로 제시한 셈이다.

파리협정은 장기목표, 감축, 시장 메커니즘 도입, 적응, 이행점검, 재원, 기술 등의 내용을 포함하고 있으며 온실가스를 배출해 온 선진국이 더 많은 책임을 지고 개도국의 기후변화 대응을 지원하도록 명시하고 있다. 2020년부터 선진국은 개도국 기후변화 대응 사업에 매년 최소 1,000억 달러(약 118조 원)를 지원하며, 2023년부터 5년마다 당사국의 감축 약속 이행 여부를 점검하는 등 구체적인 실행 방안을 담고 있다. 파리협정에 따라 각국은 2030년까지 달성할 국가 탄소 감축목표(NDC)[4]를 자발적으로 약속한 바 있다.

이런 일련의 움직임에도 불구하고 IPCC의 최근 보고서[5]에 따르면 2010년부터 2019년까지 온실가스 배출 총량은 계속해서 증가했다. 다만 탄소배출이 증가하는 속도(증가율)는 2000년대 2.1%에서 2010년대 1.3%로 감소하였다. 이 기간의 누적 배출량은 410Gt(기가톤)이었으며 이는 1850년부터 2019년까지 누적 배출량인 2,400Gt의 17%에 해당한다. 현재 제시된 NDC를 모두 달성한다 해도 1.5℃ 목표는 달성하기 어려울 것으로 보이며 목표를 달성하기 위해서는 탄소배출을 2019년 목표 대비 2030년까지 43%, 2050년까지 84%를 줄여야 하는 것으로 나타났다.

---

4 NDC: Nationally determined contribution(국가 온실가스 감축목표).
5 Climate Change 2023−The IPCC Sixth Assessment Report(AR6). (IPCC: Intergovernmental Panel on Climate Change(기후변화 정부 간 패널))

기후변화 속도를 늦출 수 없었던 이유

기후변화가 이런 수준까지 악화한 원인은 지금까지 인류의 기술발전이 한 방향으로만 발전한 것에서 찾을 수 있다. 인류 역사는 '성능 경쟁' 혹은 '가격 경쟁(효율성 경쟁)'의 역사라고 해도 좋을 만큼 성능과 생산성이 지배하는 발전 궤적을 따라왔다. 성능과 생산성이 앞선다는 것은 생존을 위한 무한경쟁에서 곧 승자가 됨을 의미하는 것이었다. 석기, 토기, 청동기, 철기 시대에 이어 첨단 반도체 시대에 이른 지금까지도 그런 추세는 계속되어 왔다.

기후변화가 초래할 위험에 대한 경고는 오래전부터 있었고 최근 들어 기후변화가 미치는 영향이 더욱 구체적으로 나타나고 있다. 그런데도 지금까지 기후변화 속도를 완화할 수 없었던 이유는 무엇인가? 기후변화를 악화시킨 이유를 정확히 알아야 대안을 찾을 수 있으므로 원인을 짚어본다.

첫째는 국가나 국제 제도의 한계에서 원인을 찾을 수 있다. 지금까지 국제 무역은 성능 대비 가격, 이른바 가성비 중심의 비교우위에 기반을 두고 있다. 이런 체제에서는 탄소배출을 줄인 제품을 출시해도 가격이 비싸면 시장에서 살아남을 수 없다. 성능 중심, 가격 중심으로 경쟁하다 보니 탄소를 많이 배출하더라도 성능이 좋고 값이 싼 제품이 시장에서 우위를 차지하였다. 국제적으로 치열하게 경쟁해야 하는 환경에서 각국은 상대적으로 비싼 저탄소 제품이 시장에 나올 수 있는 정책을 적극적으로 실행하지 않았다.

같은 맥락으로 최대의 이윤 창출을 목적으로 하는 기업이 경쟁력이 떨어지는 값비싼 친환경 제품을 출시할 이유는 더욱 없었다.

둘째는 제품을 최종 소비하는 일반인도 값싸고 질 좋은 제품을 사는 데 익숙하고 상대적으로 비싼 환경친화적인 제품을 사기 위해 쉽게 지갑을 열지 않는 환경을 꼽을 수 있다. 싸고 질 좋은 제품이 넘쳐나는데 비싼 환경친화적인 제품을 자발적으로 소비하는 것은 흔히 있을 수 있는 일이 아니다.

셋째는 기후변화에 대응하는 기술적 접근 방향에서 원인을 찾을 수 있다. 그동안은 탄소배출을 줄이기 위해 기존 기술을 개선하거나 융합해왔다. 그러나 혁신이 한계에 이르고 개선할 여지가 점점 줄어듦에 따라 기존의 방법으로는 탄소배출을 조금은 줄일 수 있으나 완전히 줄이기는 어렵다. 반면에 제품의 절대소비량이 늘어나 전체 탄소배출 양은 오히려 증가하였다.

넷째는 기후변화의 원인이 산업화 과정에서 배출한 온실가스의 영향이라는 것에 동의하는 데 오랜 기간이 걸렸다. 간빙기에 지구 평균기온이 지금보다 높았던 적이 있었다는 지구과학적 연구 결과를 예로 들며 심지어 과학기술계 일부조차 온실가스가 미치는 영향에 동의하지 않았다. 간빙기의 변화가 거의 1만 년에 걸쳐 아주 서서히 진행된 것임을 잊은 채 지금의 기후변화를 자연스러운 과정으로 이해하고 있었다.

새로운 변화를 추구해야 할 시점

기후변화로 초래될 수 있는 암울한 전망에도 불구하고 2050년까지 기후변화를 1.5℃ 이내로 억제할 수 있다면 2021년부터 2070년 사이 세계 경제는 43조 달러, 아시아 태평양 경제는 47조 달러 성장할 전망이며, 유럽 경제와 남북 아메리카 경제는 각각 1조 달러, 3조 달러 손실을 보일 것으로 예측된다. 아시아 태평양 지역은 성장을 지속하지만, 유럽과 아메리카는 여전히 손실을 보이는 이유는 아시아 태평양 지역은 2020년대 중에 탄소중립 체제로 전환되는 반면 유럽과 아메리카는 2050년대와 2060년대에 가서야 탄소중립 체제로 전환될 전망이기 때문이다. 이런 예측은 탄소배출을 줄이려는 지구적인 노력을 제때 할 수만 있으면 기후변화로 인한 세계 경제의 후퇴를 막을 수 있으며, 탄소중립 체제로의 전환이 빠를수록 유리하다는 것을 의미한다.

그렇다면 지금까지의 발전 방향을 유지하면서 기후변화를 해결할 수 있는 탄소중립 체제로 문명의 패러다임을 전환할 수는 없는가? 많은 기술이 발전을 거듭해 성숙 정도가 한계치에 접근하면서 추가로 개선할 수 있는 여지가 줄어들고 있다. 혁신에 투입되는 비용 대비 효과가 줄어들면서 추가적인 기술 개선의 동력마저 떨어지고, 이는 소극적인 탄소배출 대응으로 이어지고 있다. 미국-중국(G2) 간 치열한 기술 패권 경쟁과 러시아-우크라이나 전쟁과 같은 지정학적 불안정, 코로나 팬데믹이 불러온 글로벌 공급망 붕괴와 같은 요인이 겹쳐 오히려 사상 최대의 탄소배출을 기록함으로써 탄소배출 축소를 향한 그동안의 국제 노력을 무색하게 만들고 있다. 선진국을 중심으로 생산방식을 완전히 바꾸어 생산성을 획기적으로 높이려는 4차 산업혁명이 진행되고 있으나 기존의 기술발전 방향을 근본적으로 바꾸는 것은 아니며 여전히 생산성을 획기적으로 향상하는 것에 목표를 두고 있다. 즉, 기후변화를 완화하려는 국제 움직임은 본격화되었으나 기술적으로는 여전히 기존의 흐름에서 크게 벗어나지 못하고 있다.

'문제를 발생시켰을 때와 똑같은 의식 수준으로는 어떤 문제도 해결할 수 없다'[6]는 아인슈타인의 말처럼 지금까지의 발전을 이뤄 온 인류의 현재 의식으로는 기후변화의 문제를 풀 수 없을지도 모른다. 지금까지와는 전혀 다른 새로운 의식과 전략, 방법(수단)이 필요하다. 그리고 새로운 시도는 빠르면 빠를수록 좋다. 새로운 기술이 나타나 시장에 자리 잡기 위해서는 오랜 성장기에 이어 성숙기를 거쳐야 하므로 새로운 시도가 늦으면 늦을수록 탄소배출을 줄일 수 있는 기회를 상실하고 문제를 더욱 심각하게 만들어 최악의 상황을 불러올 수도 있다.

기후변화는 향후 세계의 흐름을 바꿔놓을 것이다. 지금까지와 같은 소극적인 대응으로는 탄소중립의 목표를 달성하기가 불가능

---

6 No problem can be solved from the same level of consciousness that created it.

하므로 근본적인 변화가 필요하다. 1.5℃로 억제하기까지 남아있는 배출 한도에 여유가 없고 시간마저 촉박한 탓에 각국이 감축 노력을 강화할 수밖에 없도록 하는 강력한 제도가 국제사회에 등장할 것이다. 탄소를 많이 배출하는 산업 영역은 물론 일반 생활 영역까지도 저탄소 패러다임으로의 전환을 강요받게 될 것이다.

한편 탄소배출 외에도 미세플라스틱에 의한 광범위한 환경오염, 자원 부족, 오염된 환경의 복원 등 근본적인 변화가 필요한 영역이 많다. 모두가 현재의 기술혁신 프레임으로 해결하기가 쉽지 않은 영역들이다.

인류의 장래를 위협하고 있는 여러 난제는 지금까지 인류가 해온 활동에 포함돼있던 부정적인 요소가 장기간 축적되어 나타나는 결과인 만큼 여러 요인이 복잡하게 얽혀 있어 단기간에 해결하기가 쉽지 않다. 새로운 방식으로 오랜 기간에 걸쳐 끈질긴 노력과 많은 재원을 투입하며 차근차근 해결해나갈 수밖에 없다.

그동안의 기술발전 과정이 자원을 고갈시켰고 자연에 해로운 물질을 과다하게 배출했으며 그로 인해 자연이 스스로 회복할 수 있는 능력 이상으로 부담을 가중해 환경을 훼손했다면 이제는 자연에 더 이상 부담을 주지 않는 것은 물론이고 이미 훼손된 자연을 복원해서 원래에 가깝게 돌려놓는 방향으로 전환해야 할 시점이 되었다. 2050년까지 기온 상승을 1.5℃ 이하로 제한하는 탄소중립의 목표가 명확하게 제시된 만큼 방향 전환의 초점도 거기에 맞춰야 한다. 즉, 물질문명이 눈부시게 발전한 바탕이 되었던 과학기술의 개발과 활용 방식도 더는 유지하기 어렵게 되었고 새로운 방향을 찾아야만 한다.

세계는 글로벌 난제를 국제 협력으로 극복할 수 있음을 확인한 경험을 이미 갖고 있다. 1960년대 이후 냉매 효과가 좋은 프레온가스 등 염화불화탄소(CFC)를 대량으로 사용한 결과, 우주에서 오는 자외선을 차단해 생명체를 보호하는 역할을 하는 지구 상공의 오존층이 파괴되어 생명체를 위협했다. 1987년 유엔은 CFC, 브롬 등 오존층을 파괴하는 물질을 규제하는 몬트리올 의정서를 채택하고 1989년 1월 발효시켰다. 냉매는 가정의 냉장고뿐만 아니라 산업적으로 넓게 쓰이는 필수 소재이므로 각국은 오존층을 파괴하지 않는 냉매를 개발하기 위해 기술개발에 적극적으로 투자하는 것으로 대응하였다.

2023년 1월 발표된 '2022 오존층 고갈에 대한 과학적 평가' 보고서[7]에 따르면 몬트리올 의정서가 발효된 지 33년 만에 오존층이 회복되고 있는 것으로 나타났다. 오존층이 1980년 수준으로 회복되는 데 전체적으로는 2040년, 파괴 정도가 심한 북극과 남극은 각각 2045년과 2066년이 되어야 할 것으로 보고 있다. 그 사이 중국이 오존층 파괴 물질을 대량으로 배출해 문제가 된 적도 있었지만, 국제 협력과 지속적인 감시로 성과가 나타나고 있다. 오존층이 점차 회복됨으로써 자외선에 의한 피부암 환자가 매년 200만

명씩 줄어들었다. 오존층 회복은 국제적인 노력과 과학적인 대응이 어우러진 성과라고 할 수 있다. 기후변화 대응 역시 지구적 난제이므로 세계 각국이 협력하여 풀어야 한다. 오존층이 회복될 가능성을 확인한 경험을 살려 세계 전체가 기후변화에 대응하기 위해 발전 방향을 적극적으로 전환해야 할 때다.

새로운 움직임

이제는 지금까지의 기술발전 방향을 바꿔야 할 때다. 단순한 기존기술의 개선이나 융합 중심의 기술혁신, 성능 대비 가격 중심의 산업정책, 사회적 비용이 포함되지 않은 제품 가격 등에 대한 깊은 성찰이 있어야 하며 그 바탕 위에서 새로운 기술혁신, 산업정책, 사회적 접근 방향을 모색해야 한다. 궁극적으로는 지속 가능한 새로운 패러다임으로 뿌리내리게 해야 한다. 새로운 수요는 새로운 공급을 만들어낸다. 새로운 변화를 강요하는 환경은 새로운 비즈니스가 탄생하는 기회이기도 하므로 새로운 혁신을 추구할 강력한 동기가 된다.

새로운 혁신에 요구되는 것은 두 가지다. 지금까지의 점진적인 혁신이 아닌 파괴적인 혁신이어야 하며 동시에 신속하게 산업적, 경제적 효과를 낼 수 있는 혁신이어야 한다. 급격하게 악화하고

---

7 Scientific Assessment of Ozone Depletion: 2022.

있는 기후변화를 완화하고 기후변화에 대응해야 하는 수요를 새로운 시장이 형성되는 모멘텀으로 삼아야 한다. 기후변화에 대응하는 것이 새로운 비즈니스가 될 수 있어야만 새로운 혁신이 지속 가능한 패러다임으로 정착될 수 있다. 각국이 스스로 성능 대비 가격의 뿌리 깊은 함정을 벗어나는 것은 불가능한 일이므로 구속력 있는 강력한 국제적 규제(약속)로 딥테크 시장이 형성될 수 있는 분위기를 만들어야 한다.

그동안의 성장 일변도 흐름과 그에 대치되는 것처럼 보이는 지속 가능성을 조화시켜야 하는, 이른바 지속 가능한 탄소중립 성장 모델을 모색해야 하는 시점이 되었다. 지속 가능한 성장이 훼손되면 인류의 삶의 질이 나빠지고 그로 인해 다양한 갈등이 조성될 것이므로 지속 가능성이 배제된 성장을 선택하기는 현실적으로 어렵다. 이는 단순한 딜레마가 아니라 기후변화에 대응하면서도 지속 가능한 성장이 조화된 솔루션을 찾아야만 하는 고민의 대상이며 지혜가 필요한 부분이다. 이는 국가뿐만 아니라 민간기업에도 해당한다.

이미 저탄소 혹은 사회경제적 난제를 해결하는 것에 도전하는 새로운 패러다임이 형성돼가고 있다. 새로 등장한 패러다임이 이른바 '딥테크' 방식의 접근이다. 딥테크는 지금까지의 혁신(발전)이 그랬던 것처럼 과학기술에 기반을 두고 있으며, 탄소배출을 줄이거나 난제를 해결하기 위해 새로운 과학지식을 적극적으로 활용한다. 과학기술을 기반으로 하고 있다는 점에서 딥테크 방식은 새로운 방식이 아닐 수도 있다. 다만 현재 상태 혹은 기술 수준으로는 해결하기 어려운 난제에 먼저 주목한 다음 지금까지 활용된 적이 없는 새로운 과학지식에서 솔루션을 찾는 접근방법이라는 점에서 기존의 혁신 프로세스와 구별된다.

딥테크에 던지는 근본적인 질문이자 딥테크가 응답해야 할 영역은 다음과 같다. 화석에너지는 물론 신재생에너지에 전혀 의존하지 않고도 에너지 수요를 충분히 충족할 수 있다면 지구에는 어떤 변화가 일어날까? 탄소를 전혀 배출하지 않는 방법으로 현재 먹고 있는 고기와 똑같은 고기를 얻을 수 있다면 농업이나 축산업이 어떻게 달라질까? 자원을 손실 없이 100% 재활용하는 순환 체계가 구축된다면 산업의 모습은 어떻게 달라질까? 공장에서 산업적으로 만드는 물질을 자연적인 방법으로 만든다면 어떤 변화가 생길까? 현재의 모든 공정을 환경친화적인 공정으로 대체한다면 산업의 모습은 어떻게 달라질까?

2장 :

딥테크란 무엇인가?

DEEP TECH

'딥테크(deep tech)'는 아직 폭넓게 정착되지 않은 용어다. 따라서 딥테크를 체계적으로 논하는 것이 무리일 수 있으며 이 시점에 소개하는 것조차도 다소 이른 느낌을 줄 수도 있다. 하지만 최근 들어 세계적으로 딥테크에 관한 관심이 늘고 있고 투자가 빠르게 확대되고 있으며 정책적인 지원에 나서고 있는 나라가 늘고 있으므로 다소 모호한 점이 있음에도 불구하고 우리도 주목할 필요가 있다.

딥테크는 'deep technology'로 표기해야 하지만 일반적으로 'deep tech'로 줄여서 쓰며 'deeptech'로 붙여쓰기도 한다. 딥테크는 레이시온(Raytheon Technologies), 록히드 마틴(Lockheed Martin), 벨연구소(Bell Lab) 등 국방이나 통신 분야의 주요 기업들이 처음 사용하기 시작했다. 공식적으로는 2014년 엔젤투자기관인 프로펠(X)(Propel(X))를 설립한 인도의 스와띠 차뚜르베디(Swati Chaturvedi)가 세계 최초로 사용했으며 최근에는 벤처캐피털(VC) 투자 영역에서 많이 사용하고 있다. 미국의 보스턴컨설팅그룹(Boston Consulting Group(BCG))과 프랑스의 헬로 투모로우(Hello Tomorrow)[8]가 딥테크를 적극적으로 소개하며 다양한 분석자료를 내놓고 있다.

---

8 https://hello-tomorrow.origin (2011년 설립되었으며 세계의 과제에 도전하기 위해 딥테크의 힘(역량)을 활용하는 협력 생태계를 구축하는 일을 하고 있다. '딥테크 잠재력의 비밀을 푼다'는 기치 아래 세계의 대학 및 엑셀러레이터들과의 파트너십을 기반으로, 딥테크 솔루션 개발을 위한 스타트업의 경쟁 촉진, 협력 시스템 구축, 혁신 서비스 제공, 딥테크 동향 관찰 등의 일을 한다. 해마다 'Hello Tomorrow Global Challenge'를 개최하고 있으며 세계에서 엄선된 500개 딥테크 스타트업이 경쟁을 벌인다.)

최근 인터넷상에서 딥테크를 검색하는 빈도가 늘고 있다. 구글 트렌드를 이용해 'deep tech'의 검색 동향(관심도)을 조사해보면 2016~2019년 사이 인용 빈도가 증가하는 경향이 약간 주춤하긴 했지만 2004년 이후 꾸준히 늘고 있다. mRNA 코로나-19 백신이 큰 성공을 거둔 이후 딥테크가 세계의 주목을 받고 있으며 2021년 비로소 전환점에 도달한 것으로 보인다. AI, 양자, 로봇, 합성생물학 등의 빠른 성장으로 딥테크는 투자 영역에서는 물론 기술개발, 비즈니스 영역에서도 중요한 위치를 차지해가고 있다.

딥테크와 유사한 의미로 사용되고 있는 용어로는 '하드테크(hard tech)'와 '터프테크(tough tech)'가 있다. 전자는 딥테크를 처음 사용하기 시작한 국방이나 통신 분야의 기업이 딥테크와 함께 사용하기 시작하였으며, 후자는 미국 MIT가 딥테크 영역의 스타트업(창업기업)을 지원하기 위해 설립한 벤처투자기관인 엔진(The Engine)[9]이 사용하는 용어다.

혁신 영역에서 사용하는 용어 중 딥테크와 성격이 유사한 것으로는 급진적 혁신(radical innovation), 파괴적 혁신(disruptive innovation), 돌파 혁신(breakthrough innovation) 등이 있다. 급진적 혁신은 현재의

---

9 The Engine: 미국 MIT가 2016년 설립한 벤처투자기업이며 새로운 과학(breakthrough science), 엔지니어링, 리더십을 융합해 세계의 대형 문제(난제) 해결에 도전하는 초기 단계 기업(스타트업)에 투자하고 있다. 터프테크 기업이 투자, 인프라, 커뮤니티가 조화된 조직에 접근할 수 있게 함으로써 시장을 빠르게 개척하는 것을 임무로 하고 있다. 인근의 하버드대학교도 참여하고 있으며 여러 VC 투자기관들과 협력하고 있다.

자산이나 자원을 최대한 활용하고 신기술을 적용하여 현재의 제품이나 서비스를 완전히 다른 제품과 서비스로 대체함으로써 고객(시장)이나 기업이 안고 있는 현재 문제에 대응하는 혁신을 말한다. 손빨래를 세탁기가 하게 해 시간과 힘든 일을 줄인 혁신, 개인용 컴퓨터를 사용해 여러 가지 사무용 업무를 편리하고 쉽게 했으며 인터넷과 결합해 시간, 공간, 사람 간의 장벽을 허문 혁신, 인터넷의 가상공간에 정보를 저장함으로써 실시간 소통하고 어디서든 문제해결을 가능하게 한 클라우드 혁신이 급진적 혁신의 예다. 파괴적 혁신은 파괴적 기술(disruptive technology)과 같은 기술 자체의 개발보다는 기술을 활용하는 것에 초점을 두고 있으며 비싸고 복잡한 제품이나 서비스를 더욱 값싸게 해 수용성을 높임으로써 시장을 키우는 혁신을 말한다. 파괴적 혁신을 위해서는 수권기술(enabling technology), 혁신적인 비즈니스 모델, 적합한 가치 네트워크가 필요하다. 직업 세계에서의 AI, 컴퓨팅이나 웹브라우징, 스트리밍을 위해 노트북이나 데스크톱 컴퓨터 대신 스마트폰을 사용하는 사람, 값이 비싸서 대중화될 수 없었던 자동차를 대량 생산해 대중화시킨 포드자동차의 T 모델이 파괴적 혁신의 예이며 아마존이나 넷플릭스가 대표적인 파괴적 혁신기업이다. 돌파 혁신은 기업 내부 혹은 동일 기술영역 내에서 일어나는 혁신을 말하며, 주로 시장에서의 문제를 해결하는 것에 초점을 맞춘다. 조명 영역의 전구, 자동차 영역의 전기차, 모바일기기 영역의 스마트폰, 진공청소기 영역의 먼지 주머니 없는 청소기가 돌파 혁신의 예다. 급진적 혁신이 신규성에 주목하는 것과 달리 파괴적 혁신과 돌파 혁신은 파급효과에 혁신의 초점을 두고 있다.

한편 딥테크는 신규성과 파급효과 모두에 주목하는 것으로 다른 혁신 영역과 구별된다.[10] 딥테크는 현재 당면한 이슈(난제)만 있을 뿐 대상 시장이나 고객이 존재하지 않으며 활용할 자산이나 자원도 거의 없다. 따라서 딥테크 혁신을 위해서는 이슈를 해결하는 데 필요한 신기술을 개발해야 하고 새로운 시장을 개척해야 한다. 새로운 시장이 작동하는 데 필요한 인프라를 구축해야 할 수도 있다.

딥테크와 대비되는 용어로는 '섈로테크(shallow tech)'가 있으며 기존 기술(플랫폼)을 활용해 비즈니스를 실현할 수 있는 모바일앱, 웹사이트, 전자상거래 등을 말한다. 짧은 기간 안에 수익을 창출할 수 있으므로 VC가 지금까지 주로 투자해온 영역이다. 섈로테크와 딥테크 사이의 큰 차이 중 하나는 전자가 주로 소프트웨어 기술에 집중한다면 후자는 하드웨어 기술과 소프트웨어 기술을 고도로 통합하는 것에 집중한다.

---

10 Angelo Romasanta, Gozal Ahmadova, Jonathan Wareham, Laia Pujol Priego: Deep tech: Unveiling the foundations, Esade Working Paper No 276 (January 2022).

딥테크의 성격과 특징

애초 사용한 의미로 보면 딥테크는 새로운 과학지식을 활용해 글로벌 이슈를 해결하는 것에 도전하고 있는 창업기업, '스타트업 (startup)'을 말한다. 기술로서의 딥테크는 딥테크 스타트업의 비즈니스를 특정 짓는 핵심기술이며, 도전하는 이슈를 해결하는 핵심기술이기도 하다. 즉, 딥테크는 이미 있는 기술을 개선하거나 기존 기술을 융합해 얻을 수 있는 점진적인 기술혁신보다는 돌파 혁신을 불러오는 특징적인 성격을 가진 신기술 혹은 그런 신기술을 비즈니스로 하는 스타트업을 말한다. 기술과 기업(스타트업)을 뜻하는 이중적인 의미로 사용[11]하고 있지만, 혼란스러울 수 있으므로 이 책에서는 기술을 뜻하는 부분을 '딥테크'라 하고, 스타트업을 뜻하는 부분을 '딥테크 스타트업'으로 구별하여 표현한다. 특히 스

---

11 딥테크는 딥테크 성격을 가진 기술과 딥테크를 사업화하고 있는 기업(창업기업)의 두 가지 의미를 동시에 갖고 있다.

타트업의 분류 측면에서 딥테크 스타트업은 유망한 새로운 과학 혹은 엔지니어링(공학 프로세스)에 기반을 두고 난제를 해결할 기술 솔루션을 제공하는 창업기업을 말한다.[12]

최근에는 연구개발 혹은 과학기술정책 영역에서 파괴적인 돌파 기술을 지칭하는 용어로 딥테크를 사용하기 시작했다. 기술적으로 딥테크는 특정 세부 기술을 말하는 것이라기보다 정보통신기술(ICT), 바이오기술(BT), 나노기술(NT)과 같은 큰 기술영역을 뜻하기도 하며, 다음에 설명할 몇 가지 특징적인 속성을 공유하고 있는 기술영역을 말한다. 정보통신기술이나 바이오기술에 속하는 일부 기술, 양자 기술이나 mRNA 백신 기술 등이 딥테크일 수 있고 나노기술처럼 넓은 영역 전체가 딥테크 영역에 속하는 기술도 있다. 최근 태동한 새로운 기술만 딥테크에 속하는 것은 아니며, AI와 같이 오래전에 태동했지만 느리게 발전하다가 최근에 와서야 급속도로 발전하면서 여러 영역에 큰 영향을 주게 됨에 따라 딥테크로 분류되고 있는 기술도 있다. 소재 기술이나 농업 기술과 같은 전통 기술영역에서도 첨단소재나 분자농업과 같은 영역은 딥테크로 분류한다.

딥테크는 새로운 과학지식을 기반으로 하며 기존 기술로는 해결하기가 쉽지 않았던 사회경제적 난제(과제)를 해결할 수 있는 기

---

12 '딥테크'는 창업기업(스타트업)으로서의 딥테크 스타트업(줄여서 딥테크라 함)을 의미하며 동시에 딥테크 스타트업의 기반이 되는 기술을 의미한다.

술로서 문제를 해결하기까지 여러 단계의 공학적 실현 과정이 필요하며 그 과정에 큰 투자가 필요한 기술을 말한다. 여기서 말하는 공학적 실현은 새로운 과학지식을 산업적으로 활용하고자 할 때 기존의 측정 장비나 제조설비를 활용할 수 없어서 새로 개발해야 하는 것이나 난제 해결 결과를 실제 적용할 때 요구되는 새로운 성격을 가진 인프라를 구축하는 과정에서 해결해야 할 여러 공학적 난관을 극복하는 것을 말한다. 딥테크는 사회경제적으로 가치가 큰 지식재산과 파급효과를 창출하며 대체기술을 찾기가 쉽지 않은 특징을 갖고 있다. 특히 인류가 직면한 글로벌 이슈(난제)를 해결하는 데 결정적인 역할을 하게 될 기술이라는 공통된 성격을 갖고 있다.

딥테크는 높은 수준의 기술 위험과 시장 위험을 동시에 가진 기술이다. 새로운 과학지식은 그 자체로서 일상생활이나 산업에 영향을 줄 수 없다. 예를 들어 아인슈타인의 상대성 이론은 핵분열(nuclear fission)을 이용한 원자력 발전, 글로벌 위치 정보시스템(GPS) 기술의 기반이 되고 전자의 거동과 관련이 있는 기능을 설명할 수 있는 원천 과학지식이지만 이론이 발표된 초기에는 곧바로 산업으로 연결할 수 없었고 오랫동안 많은 연구개발 과정을 거친 다음에야 산업적으로 활용할 수 있었다. 핵분열의 반대 과정에 해당하는 핵융합(nuclear fusion)으로 큰 에너지를 발생시킬 수 있다는 이론도 발표된 후 실험적으로 증명되었지만 수십 년 계속된 연구에도 불구하고 실현 단계에 이르지 못하고 있다가 관련 기술이 성숙된 최근에야 경제적으로 실현할 가능성을 엿볼 수 있게 되었다.

아인슈타인의 상대성 이론처럼 새로운 과학지식은 초기에는 새로운 과학지식을 어디에 쓸 수 있을지 알 수 없는 경우가 대부분이며 활용할 수 있는 응용기술 개발환경이나 산업환경을 구축하기까지 오랫동안 많은 연구개발이 필요하다. 이처럼 과학지식을 산업적으로 쓸모 있는 기술로 전환하기까지 소요되는 기간, 즉 공학적으로 문제를 해결하고 기술을 성숙시키는 동안에는 수반되는 위험(risk)을 알기가 쉽지 않을 뿐만 아니라 잠재 시장을 정확히 알 수 없어 투자를 유인하기 어려운 위험을 동시에 안고 있는 기술이 딥테크이며 그런 기술을 사업화하는 기업이 딥테크 스타트업이다.

과학지식을 기술로 전환하는 과정에서 발생하는 위험을 기술위험 또는 공학적 위험이라고 하며, 기술개발이 진행되는 동안 대상이 될 시장이 불확실하여 대규모 투자를 장기간 유치하기 어려운 것에서 오는 위험을 사업화 위험 또는 투자 위험이라고 한다. 딥테크는 공학적 위험과 사업화 위험을 모두 가지고 있으며 둘 중 하나에만 해당하는 기술은 딥테크라고 하지 않는다.

따라서 일반적인 산업영역에서 익숙한 투자 방식이나 정책 수단으로는 딥테크의 성격을 제대로 반영하기 어렵다. 예를 들어 VC가 투자하고 있는 2,000개의 기술 스타트업을 조사했을 때 기술 스타트업으로 부르는 것이 무색하게 60% 이상의 스타트업이 실제로는 기술적 배경을 갖고 있지 않았다. 즉, 기술 스타트업이라고 부르는 창업기업들조차도 기술 외적인 요소가 강하다. 이런 기술 스타트업을 대상으로 하는 일반 VC 투자나 정부 정책으로는 새로운 과학기술에 기반을 두고 큰 기술 위험과 투자 위험을 안고 있는 딥테크 스타트업을 지원하는 데는 한계가 있다.

대부분, 적어도 반 이상의 딥테크 스타트업이 UN이 정한 지속 가능 성장 목표(SDG)[13], 국가 탄소 감축목표(NDC), 탄소중립(net-zero) 등 글로벌 난제를 해결하는 것을 목표로 하고 있고 이는 정부나 공공부문이 해결하고자 하는 영역과 일치하므로 딥테크 스타트업의 성격에 맞는 기술개발 정책과 투자 방식을 찾을 필요가 있다. 또한 딥테크 스타트업이 비즈니스 목표를 달성했을 때 단기간 내 유니콘 기업으로 성장해 대단히 큰 경제적 효과를 가져올 수 있으므로 민간투자가 유입될 수 있는 수준까지 기술 위험을 줄일 수 있는 정부의 선제적 지원이 필요하다. 바꾸어 말하면 딥테크 혹은 딥테크 스타트업은 성공했을 때 대단히 큰 경제적 효과를 기대할 수 있으나 정부의 장기적이고 체계적인 지원이 없으면 산업적 성과를 나타내는 단계에 도달하기 어려우므로 기존의 기술개발 지원 정책과는 다른 정책적 접근이 필요하다.

역사적으로 사회경제적 파급효과가 큰 기술로는 여러 가지가

---

13 SDG: Sustainable development goals.(UN이 정한 17개의 지속 가능 성장 목표)

있었으며 일부는 산업혁명을 일으키는 기반이 되었다. 제지, 화약, 증기엔진, 전기, 전자 등 사회경제적으로 대단히 큰 파급효과를 낳는 기술을 범용기술(GTP)[14], 지수(적)기술(ET)[15] 등 여러 용어로 부른다. 이들은 기반성이나 원천성이 강한 기술이며 다른 기술과 융합하거나 여러 산업으로 확산해 매우 큰 경제적 가치를 창출하는 역할을 하므로, 다른 기술을 크게 발전시킨다는 의미로 핵심 수권기술(KET)[16]로 부르기도 한다. 이런 기술도 초기에는 산업적 활용 가능성을 확인할 수 없을 정도로 조악했으나 진화를 거듭하며 산업혁신을 불러왔다. 이런 기술은 사회경제적 파급효과가 대단히 크긴 하지만 딥테크로 부르지 않는다. 물론 굳이 딥테크가 아니라고 할 이유도 없다. 당시에는 얼마든지 기술 위험이나 투자 위험이 큰 신기술이었을 수 있고 조악한 기술이 성숙해가는 과정(공학적 문제해결 과정)이 딥테크와 크게 다르지 않았을 수도 있다.

딥테크가 최근 동향을 반영하는 용어이기도 하지만 이전의 범용기술과 구별되는 점을 굳이 찾는다면 이전의 범용기술은 다양한 가능성을 염두에 두고 기술이 여러 갈래로 진화과정을 거친 것이었다면, 딥테크는 특정의 수요, 특히 시급하게 해결해야 할 시대적 난제에 먼저 초점을 맞춘 다음 난제를 해결하는 데 필요한

---

14 GPT: general purpose technology.
15 ET: exponential technology.
16 KET: key enabling technology.

과학지식을 찾아 실현 가능한 기술로 발전시키는 것이다.

범용기술이나 지수기술은 어디에 쓰일지도 모른 채 출발해 장기간의 성숙 과정을 거친 다음 새로운 시장을 만들거나 생산 효율(생산성)을 높임으로써 시장에 진입하는 반면, 딥테크는 목표(잠재시장)인 사회경제적 난제 해결에 필요한 새로운 과학지식(과학적 발견)을 발굴해 공학적으로 성숙시킨다. 인력 양성이나 새로운 공정이나 장비를 개발해야 하는 등 새로운 인프라가 필요한 것은 범용기술이나 딥테크 모두 마찬가지일 수 있으나 전자가 기술을 성숙시키고 확산시키는 것을 지향하는 것이라면 후자는 기술의 발전보다는 이미 존재하는 새로운 과학지식을 이용해 사회경제적 난제를 해결하는 것을 지향한다. 즉, 딥테크는 기술(개발)에 초점을 맞춘 것이라기보다는 오히려 사회경제적 난제(이슈)를 해결하는 것에 초점을 맞춘 것이다.

현재 빠르게 진행되고 있는 4차 산업혁명의 흐름과도 차이가 있다. 딥테크 흐름은 전체적으로는 4차 산업혁명이 추구하는 획기적인 생산성 향상보다는 사회경제적 난제를 해결하는 것에 더욱 적극적으로 대응하는 시도로 볼 수 있다. 4차 산업혁명이 기술이나 산업영역 전반에 초점을 맞춘 것이라면 딥테크는 사회경제적 영역에서 해결해야 할 문제, 특히 사회경제 분야의 난제를 해결하는 것에 집중한다. 따라서 딥테크는 4차 산업혁명이 새로운 사회경제적 패러다임으로 자리 잡는 데 필요한 환경을 조성하는 역할

을 하게 될 것이며, 4차 산업혁명이 진행되는 속도와 보조를 맞추
어 발전해갈 것이다.

딥테크 기술의 예

딥테크에 대한 정의가 아직 분명하지 않은 관계로 기관마다 분류가 제각각이다. 딥테크 관련 몇몇 기관이 제시하는 딥테크를 정리하면 다음 표와 같다. 기관별로 조금씩 다르긴 하지만 첨단소재((신)소재, 재료과학), AI(머신러닝), 양자(컴퓨팅), 바이오(생명과학, 합성생물학, 바이오인포메틱스), 로봇(드론, 자율주행차), 전자(포토닉스), 블록체인 등 몇 가지 기술을 공통으로 딥테크로 분류하고 있다. 그 외에도 3D 프린팅, 농업기술(식품기술), 에너지(신재생에너지), 우주기술, 첨단제조 등을 딥테크 기술로 분류하는 기관들이 많다.

분류기관별 딥테크

분류기관	딥테크
BCG & Hello Tomorrow	첨단소재, 첨단제조, AI, 바이오기술, 블록체인, 로봇/드론, 포토닉스, 전자, 양자 컴퓨팅, 합성생물학(가상현실, 드론, 자율주행차)
The Engine (2021년 보고서)	3D 프린팅, 첨단제조, 농업 및 식품 기술, AI 및 머신러닝, 인공환경(built environment), 청정기술, 생명과학, 소재, 의료기술, 모빌리티, 나노기술, 로봇/드론, 반도체, 우주기술 * 마이크로 전자, 양자 계산, 자율주행차(2019년 보고서)
Startup Business	생명과학, 컴퓨팅, 식품 및 농업 기술, 항공우주, 에너지 및 청정기술, 산업기술, 통신, 신소재, 화학, AI, 딥러닝, 머신러닝
Eleks	AI/머신러닝, 빅데이터, 언어 처리, 시각 및 음성 알고리즘, 로봇, 블록체인, 첨단소재, 광결정 및 전자, 바이오기술, 양자 컴퓨팅
SEEQC	AI/머신러닝, 3D 프린팅, 신재생에너지 저장/솔루션, 양자 컴퓨팅, 블록체인/암호화폐, 드론/첨단로봇, 기후변화 완화, 위성/우주기술, 자율주행차, 뉴로모픽 컴퓨팅
Different Fund	AI, 재료과학, 로봇, 바이오인포메틱스, AR/VR, 양자 컴퓨팅, 농업기술, 나노기술, 드론, 자율주행차, 사이버 보안, IoT/센서, 청정기술/에너지, 우주기술
Science Creates	바이오기술/합성생물학, AI, 포토닉스/전자, 드론/로봇, 첨단소재, 양자컴퓨팅
IDB Lab/ Born2Global	첨단소재, AI, 합성생물학, 블록체인, 드론/로봇, 포토닉스/전자, 양자컴퓨팅
APEX Ventures	AI 및 머신러닝, 블록체인, 클라우드 컴퓨팅, IoT, 3D 프린팅, AR/VR, 데이터 분석, 스마트 계약, 컴퓨터 비전, 자율(화)
Jelvix	AI 및 머신러닝, AR/VR, 빅데이터, 나노기술, 블록체인, 양자 컴퓨팅, 로봇, 첨단재료과학, 포토닉스/전자, 바이오기술, 비전/스피치 알고리즘, 언어 프로세싱

딥테크로 분류된 여러 기술을 다음 그림과 같이 시각적으로 배치할 수 있다. 글자 크기가 클수록 선정 빈도가 높은 것을 나타낸다. 인공지능(AI), 첨단소재, 바이오, 로봇, 블록체인, 전자 분야가 높은 빈도를 보였다. 이 여섯 분야를 중심으로 연관이 있는 기술들을 주변에 배치하였으며 배치된 위치로부터 기술 간의 대략적인 관계를 파악할 수 있다.

딥테크 핵심어 맵

3장 :

딥테크 비즈니스 동향

DEEP TECH

딥테크 동향

세계에는 69개국에 8,600개 이상의 딥테크 스타트업이 있다.[17] 딥테크 스타트업이 가장 많은 나라는 4,000개 이상을 보유하고 있는 미국이며, 중국(700개 이상), 독일(450개 이상), 영국(400개 이상)이 뒤를 잇고 있다. 우리나라는 300개 이상을 보유하고 있다. 10개 이상의 딥테크 스타트업을 보유하고 있는 국가는 28개국이다.

기술 거인인 이른바 GAFAM(Google, Apple, Facebook, Amazon, Micorsoft), BATX(Baidu, Alibaba, Tencent, Xiaomi) 등 거대 IT 플랫폼 기업(빅테크(Big tech)로 부르기도 함)뿐만 아니라 데이터 부문에 정통한 스타트업의 주도로 세계 경제의 디지털 전환이 가속되고 있다. 딥테크 벤처로 부르는 스타트업이 이런 기술혁명의 전면에 등장하고 있다.

---

17 The dawn of the deep tech ecosystem, Boston Consulting Group & Hello Tomorrow (2019).

US (4,198)	France (241)	Italy (70)	Austria (35)
Greater China[1] (746)	Israel (195)	Spain (66)	Norway (33)
Germany (455)	Switzerland (147)	Singapore (65)	New Zealand (26)
UK (435)	India (129)	Denmark (59)	Russia (23)
Japan (363)	Australia (107)	Belgium (41)	Poland (20)
South Korea (329)	Sweden (103)	Finland (41)	Portugal (10)
Canada (312)	Netherlands (78)	Ireland (39)	

딥테크 스타트업의 지리적 분포[18]

딥테크 스타트업 동향

딥테크 스타트업인 플래닛 랩(Planet Labs)은 가장 큰 인공위성 집단 중의 하나를 지구궤도에 올려놓았으며 역시 딥테크 스타트업인 붐 슈퍼소닉(Boom Supersonic)은 초음속 민간 항공기를 개발하고 있다. 깅코 바이오워크(Ginkgo Bioworks)와 자이머젠(Zymergen)은 합성생물학 혁명을 주도하고 있다. 멤피스 미트(Memphis Meat)와 임파서블 푸드(Impossible Foods)가 세포 기반으로 배양한 고기 혹은 정밀 발효를 이용해 식품을 제조하는 혁명을 불러오고 있다. 핵융

---

18 출처: Boston Consulting Group 자료.

합로를 제작하고 있는 CFS(Commonwealth Fusion Systems)는 2025년까지 상업성이 있는 핵융합로 시제품을 시연할 계획이며, 새로운 개념의 핵분열 장치를 만들고 있는 시보그 테크놀로지(Seaborg Technologies)는 원자력의 비밀을 해제하겠다는 야망을 갖고 2025년을 목표로 차세대 소형 원자로를 개발하고 있다. D-웨이브(D-wave)는 양자컴퓨터를 개발하고 있으며, 시루 나노테크놀로지(Sila Nanotechnologies)는 내부구조를 나노구조로 제어한 입자를 전극 소재로 사용하여 리튬 이온 배터리의 용량을 늘리고 있다. 액시엄 스페이스(Axiom Space)는 민간 우주정거장 건설을 추진 중이며 액시엄과 미국 항공우주국(NASA), 스페이스X는 새로운 미션인 'Ax-1 mission'(2022. 4. 25.)을 '지구 저궤도(LEO) 경제'로 불리는 우주 기반 민간 경제 확장의 전환점이라고 평가하고 있다. 이들 기업의 비즈니스 내용은 뒤에서 상세하게 설명할 것이다.

딥테크는 이미 현실의 비즈니스

이런 딥테크 스타트업은 현재와 동떨어진 미래의 사업을 비즈니스 대상으로 하는 것이 아니라 새로운 기술을 기반으로 실제로 실현이 가능한 비즈니스를 진행하고 있으며, 2023년 순이익을 내기 시작한 스페이스X처럼 실제로 수익을 창출하는 기업이 나타나고 있다. 다음 그림은 유니콘 기업[19]으로 성장한 딥테크 스타

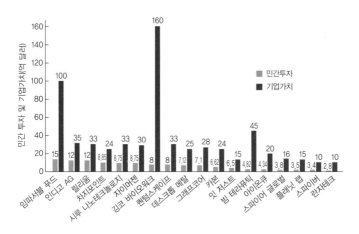

딥테크 유니콘 기업의 투자 및 기업가치

트업의 민간투자(■) 규모와 기업가치(■)[20]를 보여준다. 그래프에
나와 있는 유니콘 기업은 투자금액의 2.3~4.7배에 해당하는 기업
가치를 갖고 있으며 킹코 바이오워크는 투자 금액보다 20배 더 큰
160억 달러의 기업가치를 갖고 있다. 이들은 최근 상업적 이익을
창출하는 수준에 도달했고 지금까지의 성장 추세를 감안하면 향후
기업가치는 더욱 커질 것이다.

---

19 유니콘 기업: 창업한 지 10년 이내의 비상장 기업으로 기업가치가 10억 달러
(1조 원) 이상인 스타트업을 말한다(스타트업의 성공을 상징하는 용어).

20 기업가치: 평가 시점이 2019~2021년으로 다양하므로 현재 시점에서 정확한
비교자료로 활용할 수 없다. (Meeting the challenges of deep tech investing, Boston
Consulting Group, May 17, 2021)

성공한 딥테크 스타트업의 특징

성공한 딥테크 스타트업은 일반적인 스타트업과는 구별되는 몇 가지 특징을 갖고 있다. 첫째는 문제 지향적(problem-oriented) 혹은 문제 기반(problem-based)이어서 글로벌 난제나 사회경제적 난제를 해결하는 데 관심이 많았다. 대략 97% 정도 딥테크 스타트업의 사업 영역이 UN이 정한 지속 가능한 개발 목표 중 하나와 관련이 있었다. 둘째, 난제를 해결하기 위해 미래 유망기술을 사용하고 있었으며 그 외에도 다양한 기술을 적극적으로 융합하고 있었다. 96%의 딥테크 스타트업이 최소 두 개 이상의 기술을 사용하고 있었으며 66%가 하나 이상의 첨단기술을 사용하고 있었다. 또한 70%의 딥테크 스타트업이 특허(IP)를 보유하고 있었으며 방어용 특허를 갖고 있었다. 셋째, 디지털 기반의 IT 영역이 아닌 IT와 실제 제품을 제조하는 융합된 영역이 주된 비즈니스 영역이었으며 소프트웨어보다는 구체적인 대상이 존재하는 하드웨어적인 제품을 개발하는 데 집중하고 있었다. 약 83%의 딥테크 스타트업이 물리적인 제품을 만들고 있었다. 넷째, 긴밀하게 연결된 생태계의 중심에 있었다. 제품의 제조 과정이 매우 복잡하고 고도의 과학적 배경이 필요하므로 간단한 과정을 거쳐 혁신을 불러오는 것은 거의 불가능하다. 세계적으로 대략 1,500개의 대학과 연구소가 딥테크와 관련이 있었으며 딥테크 스타트업은 이들과 혹은 단독으로 정부가 지원하는 많은 과제를 수행하고 있었다.

딥테크 스타트업의 동향 변화

MIT가 설립한 딥테크 투자기관인 엔진이 발간한 연차보고서에 따르면 2016년 이후 딥테크 스타트업의 성장에서 두 가지 큰 변화가 나타났다.

첫째 변화는 2018년 상장기업 수가 전년 대비 2배 이상 증가한 것이었다. 헬스 분야에서 2017년 총 54억 달러였던 32개 상장기업이 2018년에는 총 280억 달러, 58개 상장기업으로 증가했다. 특히 모더나(Moderna), 러비어스 테라퓨틱(Rubius Therapeutics), 호몰로지 메디신(Homology Medicines) 등 치료제나 유전자 편집기술을 개발하는 바이오 관련 스타트업이 VC 지원을 받은 전체 상장기업의 절반을 차지하였다.

둘째 변화는 2020년 기후변화 부문의 딥테크 스타트업 수가 130% 이상 증가하였고 이들의 기업규모가 10배가량 커졌으며 기업공개(IPO) 혹은 VC 투자로부터 공공투자로 전환하는 특수목적 합병기업(SPAC)[21] 형태의 역합병이 활발해진 것이다. SPAC 투자 규모는 2019년까지 매우 느리게 증가하였으나 2000년 들어 전년 대비 6배 이상 급증하였으며 미국이 변화를 주도하였다. 2000년 전체 SPAC 시장규모인 740억 달러 중 미국이 700억 달러를 차지하여 95% 이상을 점유하고 있다. 이런 경향은 2021년에도 유지

---

21 SPAC: special purpose acquisition company.

되었다. 이런 동향을 통해 딥테크를 바라보는 미국의 생각을 일부 읽을 수 있다. 성공했을 때 파급효과는 대단히 크지만 기술 위험과 사업화 위험 또한 대단히 큰 딥테크를 VC가 단독으로 감당하기에는 무리가 있으므로 VC의 초기 투자에도 불구하고 여전히 위험이 큰 유망한 스타트업을 SPAC로 끌어들여 기술 위험과 사업화 위험을 줄이는 데 필요한 시간과 자본을 공공부문이 추가로 제공하게 하여 성공률을 높이려 한다. 미국은 딥테크 영역을 매우 중요하게 보고 있으며 이 영역으로부터 미래의 국가경쟁력을 높이는 데 필요한 동력을 얻고자 하는 것으로 해석할 수 있다.

딥테크 스타트업이 성공하는 환경

딥테크 스타트업이 성공하기 위해서는 적절한 환경이 조성돼야 한다. 주변 환경에 따라 딥테크 스타트업이 일반 스타트업(기업)으로 성격이 바뀌고 반대로 일반 기업이 딥테크 스타트업으로 바뀌기도 한다. 마이크로소프트, 엔비디아, ARM(영국의 반도체 설계기업), 인텔 같은 기업도 초기에는 딥테크 스타트업이었다. 그들도 초기에는 아이디어를 실현하는 데 필요한 기술이나 플랫폼이 잘 구축되어 있지 않았었고 대상 시장도 분명하지 않았다.

대부분의 일반 스타트업은 자신이 보유하고 있는 역량으로 기존 제품이 안고 있는 문제를 해결하거나 새로운 아이디어를 사업화한다. 이런 일반 스타트업과 달리 딥테크 스타트업은 통상적인 방법으로는 해결하기가 쉽지 않은 난제로부터 출발하므로 문제를 찾고 확인하는 단계에서부터 어려움을 겪게 된다. 여러 단계를 거쳐 문제를 풀어가야 하므로 자신이 보유하고 있는 역량만으로 부족한 경우가 대부분이다. 창업자는 이런 사실을 미리 이해할 필요가 있으며 시장과 고객의 생각을 참고하고 직간접으로 관련이 있는 기업이나 전문가의 도움을 받아 사업 전략을 수립해야 한다. 그리고 실행 과정에서 내용을 계속해서 보완해야 한다. 투자자 역시 스타트업 지원을 결정하기 전에 딥테크의 성격을 이해하고 스타트업이 성공에 이를 수 있도록 지원해야 한다.

BCG는 딥테크 스타트업이 성공하는 데 필요한 요건을 재원(funding), 시장 접근(market access), 기술 전문성(technical expertise), 사업 전문성(business expertise), 시설 접근성(access to facilities), 재능 지원(talent funding) 등 여섯 가지로 압축하고 있다. 이 중 딥테크 스타트업의 기반이 되는 기술 전문성을 제외한 나머지 요건은 외부 환경, 즉 딥테크 생태계의 영향을 받는 부분이다. 생태계가 제대로 조성되어 있지 않으면 딥테크 스타트업과 성격이 전혀 다른 일반 스타트업의 생태계 환경에서 성장해야 하므로 그만큼 실패할 가능성이 커진다.

주목받고 있는 딥테크 스타트업

세계적으로 주목받고 있는 몇몇 딥테크 스타트업을 소개하고자
한다. 이들을 소개하는 이유는 실제 기업 사례를 통해 딥테크 스타
트업이 추구하는 목표(임무)와 바탕이 되는 기술이 무엇인지, 투자
자는 어떤 관점에서 딥테크 스타트업에 관심을 가져야 하는지, 딥
테크 스타트업과 협력하거나 딥테크 스타트업에 투자하고자 하는
대기업이 어떤 점에 주목하여야 하는지 등 딥테크 전반을 이해하는
데 도움이 되기 때문이다. 일반 독자들은 딥테크 스타트업의 비즈
니스를 통해 다가올 세상의 모습 일부를 상상할 수 있을 것이다.

그래프코어(Graphcore) GRAPHCORE

프로세서 내에 완전한 머신러닝 모델을 가진 대규모 동시 정
보처리 장치(IPU)를 만드는 것을 목표로 AI 및 머신러닝용 가속
장치를 개발하는 영국의 반도체 기업이다. 2016년 설립되었으

그래프코어의 BOW POD₂₅₆ 장치[22]

며 처음부터 로버트 보쉬(Robert Bosch) 벤처캐피털을 중심으로 삼성, 아마데우스 캐피털 파트너스(Amadeus Capital Partners), C4 벤처스(C4 Ventures), 드라퍼 에스피리트(Draper Esprit(현재는 몰튼 벤처스(Molten Ventures))) 등이 투자에 참여했다. 2017년 2차 투자에는 아토미코(Atomico), 3차 투자에는 세콰이어 캐피털(Sequoia Capital)이 참여하였다. 2018년 마이크로소프트, 삼성, 델 테크놀로지스(Dell Technologies)가 2억 달러를 투자하는 것으로 4차 투자를 마감하였으며 기업가치가 17억 달러로 평가되어 유니콘 기업이 되었다.

---

22 출처: www.graphcore.ai

킹코 바이오워크(Ginkgo Bioworks)

2009년 MIT의 과학자들이 설립한 미국의 바이오기업이며 유전자 엔지니어링을 이용해 맞춤형 미생물을 설계하는 특화된 기술을 갖고 있다. 산업적으로 쓰이는 박테리아를 제조하는 '유기체 기업(Organism Company)'을 표방하고 있다. 2019년 기업가치는 42억 달러이며 그 해에만 6억 4천만 달러의 투자를 받았다. 2021년 5월 SPAC 소어링 이글(Soaring Eagle)을 통해 뉴욕 주식시장에 175억 달러의 가치로 상장(DNA)하였다. 2016년부터 2020년까지 CNBC가 매년 50개씩 선정하는 CNBC 디스럽터(Disruptor) 50 기업에 다섯 차례 연속으로 선정되었다. 킹코 바이오워크는 2022년 FGen AG(초고수율 스크리닝), 바이톰(Bitome(통합 대사 모니터링)), 자이머젠(Zymergen), 베이어(Bayer)의 바이오 연구개발 부문 등을 인수하는 등 급성장하고 있다.

데스크톱 메탈(Desktop Metal)

3D 프린팅 시스템을 설계하고 판매하는 미국의 공개기업이다. 3D 프린팅 시스템과 함께 최적화된 프린팅용 금속 분말도 판매하고 있다. MIT의 기술을 기반으로 2015년 설립되었으며 구글 벤처, BMW, 포드 자동차 등으로부터 4억 3천 8백만 달러를 투자받았다. 레이저와 같은 위험한 기술을 사용하는 대신 소결로를 사용해 철, 구리, 알루미늄, 인코넬 등 합금 부품을 더욱 빠르게, 값싸

게, 작게, 안전하게, 쉽게 생산하는 것을 목표로 하고 있다. 2017년 용융 적층 모델링(FDM)과 유사한 결합 금속 적층 방식을 사용하는 소규모 제조용 스튜디오 시스템(studio system)과 가열된 금속 분말층 위에 결합제를 분무하는 방식인 대규모 제조 시스템을 출시하였고, 2019년에는 기계공작소용 장비인 숍 시스템(shop system)을 출시하였다. 2020년 뉴욕 주식시장에 상장(DM)되었고, 2021년 독일의 광(光) 고분자 인쇄 전문기업인 엔비전텍(EnvisonTEC)을 인수하였으며, 치과, 정형외과, 피부, 심장, 성형 등 헬스케어 제품에 특화된 탁상형 3D 프린팅 장비인 데스크톱 헬스(Desktop Health)를 출시하였다.

란자테크(LanzaTech) **LanzaTech**

제철공장에서 나오는 고농도 산업 배기가스인 일산화탄소를 유용한 화학물질인 에탄올로 바꾸기 위해 미생물인 초산균을 이용하는 가스 발효 플랫폼을 개발하는 산업바이오 기업이다. 2005년 뉴질랜드에서 설립되었으며 현재 본사는 미국 일리노이에 있다. 2016년부터 2020년 사이 CNBC가 매년 50개씩 선정하는 CNBC 디스럽터 50 기업에 네 차례 선정되었다. 일산화탄소나 이산화탄소로부터 20개 이상의 화학물질과 몇 가지 제트연료를 만드는 개념을 검증하고 있으며 '카본 스마트(Carbon Smart)'라는 이름으로 판매하고 있다. 버진 아틀랜틱, 보잉, 전일본항공 등 항공업계에서

란자테크의 기술을 사용하고 있다. 총 3억 9천 5백만 달러의 투자를 유치하였으며 기업가치는 4억 6천만 달러로 평가(PitchBook)되었다.

릴리움(Lilium GmbH) LILIUM

개인용 전기동력 수직이착륙기(VTOL)인 릴리움 제트(Lilium Jet)를 개발하고 있는 독일의 우주항공 기업이며 2015년 설립되었다. 2017년 2인용 무인 시제기인 릴리움 이글(Lilium Eagle)이 비행에 성공하였다. 2019년에는 비행거리 300㎞, 최고 시속 300㎞인 5인승 시제기인 피닉스(Phoenix)가 처음으로 비행에 성공하였으며 2025

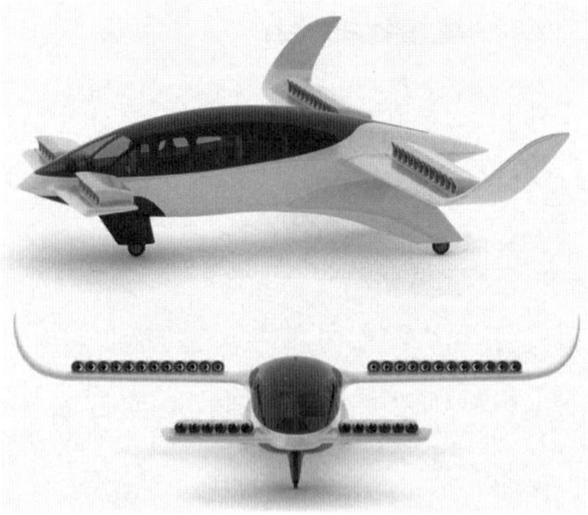

릴리움 제트 플라잉 택시 3D 모델[23]

23 출처: lilium.com

년 에어택시 서비스를 시작할 예정이다. 릴리움 제트는 소음이 적어 도심 운항에 적합하다. 2020년 텐센트(Tencent)를 중심으로 아토미코, 프라이가이스트(Freigeist), LGT 등이 참여하는 투자그룹이 2억 4천만 달러를 투자하였다.

바이온텍(BioNTech) BIONTECH

개인화된 면역항암요법, 감염병 백신, 희귀질환 단백질 대체요법, 저분자 면역요법의 기반이 되는 mRNA[24] 백신을 연구하는 독일의 생명공학 기업이다. 일반 환경에서 쉽게 손상되는 mRNA를 지질(lipid) 나노입자로 둘러싸는 방법으로 안정화해 면역 반응을 안정적으로 유도하는 것이 핵심 보유 기술이다. 2008년 독일 마인츠에서 설립하였으며 2019년 나스닥에 상장(BNTX)했다. 여러 건의 임상시험을 진행 중이며 2020년 3월 미국 화이자 및 중국의 푸싱(Fosun) 그룹과 코로나-19 백신(BNT162b2) 개발에 착수하였고 개발한 백신을 그해 12월부터 접종했다. 상장 전 안드레아스 운트 토마스 스트룽만(Andreas und Thomas Strungmann), 마이클 모츠먼(Michael Motschmann), JP 모건 체이스, 메릴린치, UBS 등 여러 투자

---

24 mRNA는 1961년 발견되었으며 1984년 하버드대 연구팀이 합성 RNA 효소를 이용해 mRNA를 처음으로 실험실에서 합성하였다. 1987년 mRNA와 지방 입자가 섞인 혼합물에 사람 세포를 넣었을 때 세포가 mRNA를 흡수해 단백질을 만드는 것이 발견되었다. 이 기술을 기반으로 코로나바이러스 mRNA 백신을 만드는 기술이 발전하였다.

사로부터 투자를 받았다.

직원의 25%가 박사학위를 소유하고 있을 만큼 지식 집약적이며 200여 건 이상의 mRNA 특허를 보유하고 있다. 회사 창립에서 수익을 창출하기까지 약 9년이 소요되었다.

바이온텍이 수익을 창출하기 시작한 것은 설립 9년 후인 2017년이었으며 2022년 10월 25일 기준 최근 3년간의 주가 변동을 보면 다음과 같다. 바이온텍이 백신 개발에 착수한 2020년 3월의 최고주가는 주당 55달러였으며 백신 개발에 성공한 11월의 최고주가는 127달러였다. 백신을 본격적으로 접종하기 시작한 2021년 후반에는 300달러 이상을 보였다. 시가 총액은 328억 2천 8백만 달러이며 지난 3년간의 누적 수익률은 878.8%였다.

바이온텍은 딥테크 스타트업의 전형이며 코로나바이러스 백신 개발은 전형적인 딥테크식 접근 결과라고 할 수 있다. 새로운 과학기술인 mRNA 변형기술(modified mRNA)과 mRNA를 안정시킬

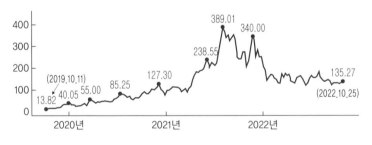

바이온텍의 최근 3년간 주가 변동 현황(단위: 달러)

수 있는 지질 나노입자 기술을 보유하고 있었으며, 코로나 팬데믹을 극복해야 한다는 분명한 목표와 함께 2021년 말까지 30억 회 접종분을 생산한다는 구체적인 목표를 갖고 있었다. 실제로 계획한 기간 내 목표를 달성하였으며 대단히 큰 수입을 창출하는 성과를 거두었다.

mRNA 백신 개발

mRNA 백신은 죽은 바이러스나 약화시킨 바이러스를 사용하는 기존의 방식과 다른 방식으로 개발되었다. 코로나바이러스의 mRNA를 일부 변형시킨 변형 RNA(modified RNA)를 지질 나노입자로 둘러싼 형태다.

mRNA 백신은 그동안 mRNA 및 관련 영역에 축적돼온 기술 기반이 있었기에 단기간 내 개발이 가능하였으며 전대미문의 글로벌 팬데믹을 극복해야 한다는 목표에 집중하여 얻은 전형적인 딥테크형 기술개발의 결과다.

mRNA 백신은 바이온텍(BioNTech)-화이자와 모더나(Moderna)의 두 그룹이 독립적으로 개발하였다. 독일의 딥테크 스타트업인 바이온텍은 2020년 3월 11일 세계보건기구(WHO)가 코로나 팬데믹을 공식화한 6일 후인 3월 17일 화이자(영국)와 공동개발 의향서를 체결하고 백신 개발에 착수하였다. 목표(임무에 해당)는 2021년 말까지 30억 회 분의 백신을 생산하는 것이었다. 9개월이 지난 2021년 11월 mRNA 백신을 개발하는 데 성공하였으며 이는 1960년대 이하선염 백신을 개발하면서 달성했던 최단 개발 기간 4년의 기록을 깬 것이었다. 바이온텍은 코로나-19 팬데믹 훨씬 전부터 mRNA을 이용한 면역요법을 개발해왔으며 화이자와 협력하고 있었다. 한편 미국에서는 2010년 설립한 딥테크 스타트업인 모더나(Moderna) 가 mRNA 백신 개발에 성공하였다. 모더나는 2012년 DARPA[25]로부터 mRNA 기술개발을 지원받아 백신 개발에 필요한 기반을 닦고 있었다. 모더나는 60일 이내에 mRNA 백신 개발을 완료하는 것을 목표(임무)로 하였으며 실제로 66일 만에 백신 개발에 성공하였다.

보스턴 다이내믹스(Boston Dynamics)

사람처럼 계단을 오르고 문을 열며 접시를 정리하는 로봇을 설계하고 제작하는 세계적인 로봇 선도기업이다. 100m 세계기록을 보유하고 있는 육상선수인 우사인 볼트보다 더 빨리 달리는 로봇인 '치타'를 포함해 여러 동영상을 유튜브에 올려 시선을 끌고 있다. 사람을 대신해 어려운 작업을 할 수 있는 로봇이 필요하지만, 개발 중인 대부분의 로봇은 아직 자유롭게 움직이거나 스스로 인식해서 많은 일을 할 수 있을 정도의 지능을 갖고 있지 못하다. 이런 전반적인 수준에도 불구하고 보스턴 다이내믹스의 로봇은 새로운 시장을 열 수 있는 수준으로 발전하였다.

보스턴 다이내믹스는 1992년 MIT의 기술을 기반으로 창업하였

---

25 DARPA: 미국의 국방고등연구계획국(Defence Advanced Research Projects Agency).

보스턴 다이내믹스의 로봇개[26]

다. 2005년 DARPA의 지원을 받아 35°로 경사진 길에서 150kg의
짐을 지고 시속 6.4km의 속도로 네 발로 걷는 빅도그(BigDog)를 개
발하였다. 2013년 구글 X(Google X)가 보스턴 다이내믹스를 인수한
후 2017년 소프트뱅크(SoftBank) 그룹에 매각되었다. 2019년 최초
의 상업 제품인 스팟(SPOT)을 출시하였다. 회사 창립부터 제품을
출시하기까지 17년이 걸렸다.

2022년 9월 현대차 그룹은 로봇 자동화 수요가 급증하는 것에
대응하고 장기적으로 사람을 닮은 로봇을 추구하는 휴먼노이드
사업을 추진하기 위해 소프트뱅크로부터 보스턴 다이내믹스의 지
분 80%를 인수하였다.

---

26 출처: bostondynamics.com

붐 테크놀로지(Boom Technology) 🌿 BOOM

2014년 미국 콜로라도에서 설립된 기업이며 상업 명칭은 붐 슈퍼소닉(Boom Supersonic)이다. 마하 1.7의 65~80인승 초음속 여객기를 설계하는 회사다. 항속거리 7,870㎞인 붐 오버추어(Boom Overture) 여객기를 2025년 출시할 예정이다. 지속 가능한 항공 연료(sustainable aviation fuel(SAF))를 사용하며 항공 기준(ICAO Chapter 14 noise

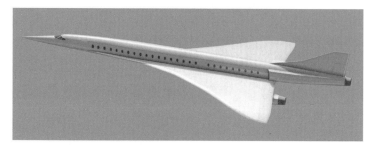

붐 오버추어(Boom Overture) 모형[27]

모하비 사막에서 시험 운항 예정인 XB-1 시제기 모습

---

27 출처: boomsupersonic.com

level)을 만족하는 저소음의 장점이 있다. 기존 항공기 대비 운항 비용을 10% 줄일 수 있으며 2016년 와이 콤비네이터(Y Combinator)의 지원(보육)을 받았으며 VC로부터 5,100만 달러(2017년), 1억 달러(2019년)를 각각 투자받았다. 실제 크기의 3분의 1 크기인 시제기(Boom XB-1)를 시험 비행할 예정이며, 붐 오버추어의 시험 비행은 2026년으로 예정돼 있다. 상업적 목표는 뉴욕-도쿄 간 비행시간을 14시간에서 6시간으로, 뉴욕-프랑크푸르트 간 비행시간을 9시간에서 4시간 15분으로 단축하는 것이다. 최초의 초음속 여객기였던 프랑스의 콩코드기가 대기오염과 소음으로 운항을 중단한 이후 상업 운항에 도전하는 두 번째 초음속 여객기가 될 전망이다.

빔 테라퓨틱스(Beam Therapeutics) Beam

유전자 치료와 유전자 편집 분야를 연구하는 미국 매사추세츠에 기반을 둔 바이오기업이다. MIT와 하버드대의 기술을 기반으로 2017년 설립되었다. 처방을 낼 때 유전자 가위(CRISPR)와 1차 편집에 의존하며 DNA를 자르지 않고 DNA 내 단일 뉴클레오타이드를 변형시킬 수 있으므로 이론적으로는 이전의 CRISPR 기반 방식보다 부작용을 줄일 수 있다. 기업공개 전 이미 약 10억 달러를 투자받았으며 2020년 기업공개(BEAM) 시 1억 2천만 달러를 유치하였다. 2022년 화이자와 유전자 가위를 이용해 희소병을 치료하는 기술을 개발하는 데 협력하기로 했다.

서남(SuNAM) 🔗 **SuNAM** Zero to Infinity

㈜서남은 고온 초전도 선재를 생산하는 우리나라 소재 기업이다. 서남은 초전도 물리학으로 박사학위를 받은 문승현 대표가 2004년 11월에 설립하였으며 2020년 2월 코스닥에 상장되었다. 초전도 소재[28]는 전기저항이 0(제로)인 소재로, 전력을 손실 없이 보내는 초전도 송전 케이블, 자기부상 열차나 자기공명 단층 촬영 장치(MRI), 최근 주목받고 있는 핵융합 장치의 핵심 부분인 고성능 초전도 자석(8~10T(테슬라) 이상)을 만드는 핵심 소재다. 또한 저손실 송전 케이블과 같은 에너지 분야는 물론 MRI와 같은 헬스케어 장비의 발전을 선도할 필수 소재다.

꿈의 소재였던 초전도 소재는 액체 헬륨(4.2K(절대온도), 섭씨 영하 268.8℃)을 사용하는 매우 낮은 온도에서 초전도 특성을 나타내므로 MRI와 같은 고가의 의료장비 혹은 분석 장비에 주로 사용되고 있었다. 1986년 IBM의 과학자들이 액체 질소(77K, 섭씨 영하 96℃)에서 초전도 특성을 나타내는 세라믹 소재인 이트륨-바륨-구리 산화물계 고온 초전도체를 발견[29]하면서 고온 초전도 소재 기술이 급속히 발달하게 되었다. 우리나라도 1987년부터 여러 대학과 연구소에서 고온 초전도체 연구를 시작하였으며 문승현 대표 역시

---

28 1911년 네덜란드의 헤이커 카메를링 오너스(Heike Kamerlingh Onnes)가 금속에서 발견하였다(1913년 노벨 물리학상 수상).
29 1986년 IBM의 요하네스 베드노르츠(Johannes Georg Bednorz)와 칼 뮐러(Karl Alexander Müller)가 발견하였다(1987년 노벨물리학상 수상).

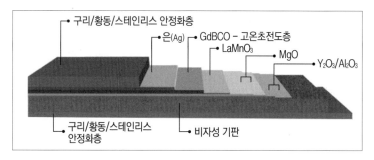

구리/황동/스테인리스 안정화층

은(Ag) GdBCO – 고온초전도층

LaMnO₃ MgO

Y₂O₃/Al₂O₃

구리/황동/스테인리스 안정화층

비자성 기판

㈜서남의 고온초전도 선재의 내부구조[30]

초기 고온 초전도체 연구에 참여하였다. 서남의 핵심 인력은 고온 초전도체를 전공한 박사들로 구성되어 있다.

서남이 생산하고 있는 고온 초전도 선재는 임계전류밀도와 생산속도, 생산원가 면에서 세계 최고 수준이며 고자장하에서의 초전도 특성 역시 세계 최고 기업들과 대등한 수준이다. 현재 초전도 송전 케이블용 선재의 개발을 넘어 핵융합로용 초전도 자석에 들어가는 선재 개발에 도전하고 있다.

서남은 국내에서 찾아보기 드문 전형적인 딥테크 스타트업의 성격을 갖고 있다. 그동안 한국과학기술대학, 한국전기연구원과 기술개발을 협업해왔으며 포스코, 나노융합2020사업단, 어플라이드 머티리얼 등으로부터 투자 혹은 지원을 받았다.

---

30 출처: www.i-sunam.com

스파이버(Spiber) **◆◆ Spiber**

산업용 바이오기술을 이용해 실크를 제조하는 일본의 바이오 소재 기업으로 2007년에 설립되었다. 거미줄 실크의 성질을 가진 단백질계 합성 고분자(Brewed ProteinTM)를 개발하고 있으며, 제조한 인조 거미줄 실크의 명칭은 '큐모노스(Qmonos)'다. 유전공학적으로 거미의 실크 단백질의 DNA 시퀀스를 조절한 다음 대장균에 넣고 설탕을 먹이로 제공해 합성 실크 단백질을 만들게 한다. 볼트 스레드(Bolt Threads), 암실크(AMSilk), 아라크니텍(Araknitek), 카이스트(KAIST), 크레이그 랩스(Kraig Labs) 등 다른 기업에서도 유사한 기술을 개발하고 있다.

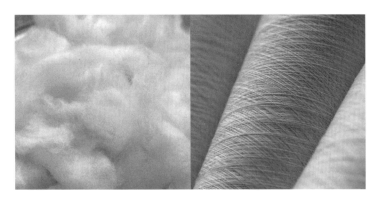

합성한 소재와 가공해 만든 원사[31]

---

31 출처: spiber.inc

스파이어 글로벌(Spire Global) ⬠spire

2012년 설립되었으며 원래 회사명은 나노새티스피(NanoSatisfi)였
다. 대규모 나노위성군을 운영해 수행하는 해상, 항공, 날씨 패턴
을 추적하는 것과 같이 글로벌 데이터 세트 추적을 전문으로 하며
우주-클라우드 데이터를 수집하고 분석하는 회사다. 현재 110개
이상의 인공위성 큐브샛(CubeSats)을 운영하고 있으며, 이는 위성
의 수로는 두 번째로, 센서의 수로는 가장 큰 상업용 인공위성군
이다. 위성을 자체적으로 설계하고 제작하며 창립 이후 140개 이
상의 위성을 500㎞ 궤도에 올려놓았다. 샌프란시스코, 볼더(콜로
라도), 워싱턴 DC, 글래스고, 룩셈부르크, 싱가포르, 캠브리지(온

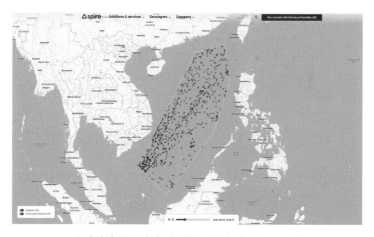

스파이어 글로벌이 제공하는 해양 정보(예시 자료)[32]

---

32 출처: spire.com

타리오) 등에 사무실을 두고 있다. 2017년까지 세 차례에 걸쳐 1억 4천 50만 달러의 투자를 받았으며 2021년 냅사이트(Navsight)를 통해 기업공개(SPIR) 되었다. 기업가치는 16억 달러(유니콘 기업)로 평가되었다. 설립 이후 지금까지 140여 개 이상의 인공위성을 자체 발사하였다.

시루 나노테크놀로지(Sila[33] Nanotechnologies) Sila

미국 캘리포니아에 소재하고 있는 자동차용 리튬이온 이차전지 소재 기업으로 2011년 조지아 공대의 스타트업으로 설립되었다. 음극재로 쓰이는 흑연 대신 실리콘을 사용해 전지용량을 획기적으로 높여 스마트폰과 전기자동차에 요구되는 대용량 배터리를 겨냥하고 있다. 조지아 공대와 긴밀한 기술협력 관계를 맺고 있다. 전 GE 회장인 제프리 이멜트를 이사로 영입해 글로벌 비즈니스를 추진하고 있다. 2018년 공장을 짓기 시작했고 2024년 양산을 계획하고 있다. 2025년 제작한 배터리를 전기자동차에 장착할 예정이다. 2021년 상시 착용(24/7)할 수 있는 건강 및 체력단련용 웨어러블 기기에 들어가는 WHOOP 4.0 소재를 출시하였다. VC로부터 6차에 걸쳐 8억 8천 5백만 달러를 투자받았으며 기업가치는 33억 달러로 평가된다(2021년 1월). 6차 투자에는 코트(Coatue),

---

33 Sila: 전력(power)을 의미하는 우크라이나 혹은 러시아 말이며 발음은 see-lu.

8VC, 베세머 벤처 파트너스(Bessemer Venture Partners), 캐나다 연금 계획 투자 위원회(Canada Pension Plan Investment Board), 셔터 힐 벤처스(Sutter Hill Ventures) 등의 VC가 참여하였다.

시보그 테크놀로지스(Seaborg Technologies)

2015년 설립한 네덜란드의 스타트업으로 미국의 핵화학자이며 노벨상 수상자인 글렌 시보그(Glenn T. Seaborg)에서 기업명을 따왔다. 닐스 보어(Niels Bohr) 연구소에 기반을 둔 용융염 기반의 소형 원자로(CMSR)[34]를 개발하고 있다. 안전하고 지속 가능하며 값이 싼

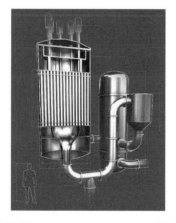

용융염 원자로(Comfact Molten Salt Reactor)의 모식도[35]

---

34 Compact molten salt reactor.
35 출처: www.seaborg.com

원자력 발전의 실용화를 지향하고 있다. 핵분열 원자로가 일반적으로 고체 상태의 연료봉을 사용하는 것과 달리 CMSR은 핵분열 시 방출되는 온도보다 높은 온도에서 끓는 액체 염과 핵연료를 섞어서 사용하므로 대기압에서 사용할 수 있다. 흑연을 감속재로 사용하지 않는 대신 용융상태의 가성소다(NaOH)를 감속재로 사용하므로 소형화가 가능하다. 원자로가 과열되는 일이 발생하면 바닥에 있던 고체 상태의 염이 녹게 되고 노심으로부터 액체 연료가 흘러나와 주변으로 퍼지지 않고 냉각 탱크로 흘러 들어가 식은 다음 응고된다. 출력은 대략 200MW(메가와트) 규모이고 연료 교체 주기는 12년이며 핵확산이나 군사용으로 사용될 위험이 없다. 2025년 시제품을 출시할 예정이며, 2026년 승인을 취득한 후 2027년 확산시킬 계획이다.

삼성중공업은 시보그 테크놀로지스와 파트너십을 맺고 CMSR 파워 바지를 개발하고 있다. 개념 설계를 마치고 미국 ABS 선급으로부터 인정을 취득했으며 2028년까지 200MW 용량의 발전설비를 상업화할 계획이다. 한편 GS건설은 CMSR의 연료를 고농도 저농축 우라늄(HALEU)에서 저농축 우라늄(LEU)으로 바꾸고 있는 시보그 테크놀로지스와 협력을 맺고 저농축 우라늄 불소 연료염 생산시설을 국내에 건설하기로 했다.[36] 연료염은 우라늄 등 핵연

---

36 핵연료를 고농도 저농축 우라늄(HALEU)에서 저농축 우라늄(LEU)으로 바꾸면 감속재를 가성소다(NaOH)에서 흑연으로 바꿔야 한다.

료 물질의 불화물을 중성자 흡수 단면적이 적고 열적 안전성이 우수하며 낮은 융점을 가진 용매에 녹인 일종의 액체 연료다. 시보그 테크놀로지스의 기술이 우리나라 업체들과의 협력을 통해 사업화될 전망이다. 또한 저농축 우라늄 불소 연료염은 소형 모듈 원자로(SMR)의 냉각제용으로 쓰이므로 국내 SMR의 상업화에도 이바지할 전망이다.

아이온큐(IonQ) IONQ

2015년 IARPA[37] 프로그램에 공동 참여했던 메릴랜드대(Chris Monroe 교수)와 듀크대(김정상 교수)의 두 교수가 양자 정보과학 분야

아이온큐의 양자컴퓨터[38]

---

37 Intelligence Advanced Research Project Agency(정보 분야의 프로그램으로 DARPA 프로그램과 유사).

38 출처 : ionq.com

의 25년 연구를 바탕으로 설립한 미국 메릴랜드에 있는 양자컴퓨팅 하드웨어 및 소프트웨어 기업이다. 양자컴퓨터 분야의 선두주자이며 최고의 성능을 가진 양자컴퓨터 아이온큐 포르테(IonQ Forte)를 출시하였다. 양자 회로를 생성하고 최적화하며 실행하는 범용 포획 이온 양자컴퓨터와 소프트웨어를 개발하고 있다. 1, 2차에 걸쳐 2천 2백만 달러의 투자를 받았으며 2021년 SPAC를 통해 뉴욕 증권 거래소에 상장(IONQ)되었는데 이는 양자컴퓨터 분야 최초의 상장회사다.

2023년 6월 27일 과학기술정보통신부와 지역 양자컴퓨팅 생태계를 구축하는 양해 각서를 체결하였다.

액시엄 스페이스(Axiom Space) AXIOM SPACE

액시엄으로 알려진 미국 휴스턴의 우주 인프라 개발업체다. 각각 발사한 우주 비행체를 우주에서 조립해 국제 우주정거장에 결합하는 것과 우주 비행사를 훈련하는 것을 비즈니스로 계획하고 있다. 2016년 설립되었으며 2022년 국제 우주정거장에 첫 번째 민간 우주인을 탑승시키는 최초의 우주비행인 액시엄 미션 1을 실행하였다. 2024년 세계 최초로 상업 우주 기지를 만들어 운용할 예정이며, 정부의 지원을 받아 우주에서의 연구, 제조, 우주탐사 등을 하게 될 상업용 우주 비행사를 훈련할 계획을 세우고 있다. 이 회사는 NASA로부터 국제 우주정거장에 상업용 모듈을 최초로

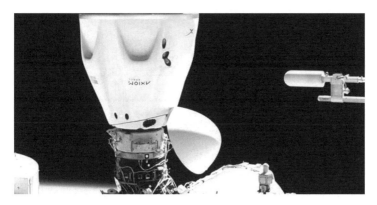
액시엄 미션 1(우주정거장으로부터 분리)[39]

공급할 기업으로 선정되었으며 스페이스X와 산업적으로 우주인을 국제 우주 기지에 실어 나르는 계약을 체결하였으며 2022년 8명을 실어 날랐다. 국제 우주정거장이 은퇴한 이후에는 자체 액시엄 정거장을 계획하고 있으며 모바일 서비스 체계인 'Canadarm2'를 운용할 계획이다. 2018년 액시엄 스테이션의 내부 설계를 마쳤으며 2024년 첫 번째 모듈을 국제 우주정거장에 결합하고 2020년대 말 스테이션을 완성할 계획이다.

업사이드 푸드(Upside Foods)

업사이드 푸드는 2015년 캘리포니아 버클리에 설립되었다. 초기 명칭은 멤피스 미트(Memphis Meats)였으며 2021년 현재의 이름

---

39 출처: www.axiomspace.com

업사이드 푸드의 치킨 제품[40]

으로 변경하였다. 근육조직으로 분화하는 줄기세포를 유도하는 바이오기술을 사용해 바이오 반응기에서 다양한 육류 제품을 생산하는 기업이다. 2016년 배양한 미트볼, 2017년에는 배양한 치킨과 오리고기를 선보였다. 업사이드 푸드는 1천 7백만 달러의 1차 투자를 받았는데 빌 게이츠, 리처드 브랜슨(Richard Branson), 잭 웰치와 수지 웰치(Suzy and Jack Welch), 카길(Cargill), 킴벌 머스크(Kimbal Musk), 아토미코 등이 투자하였다. 2020년 2차 투자에서는 1억 6천 1백만 달러를 받았는데, 소프트뱅크가 주도하였으며 리처드 브랜슨, 빌 게이츠, 스레시홀드 벤처스(Threshold Ventures), 카길, 타이슨 푸즈(Tyson Foods) 등이 참여하였다. 초기에는 배양육의 kg당 가격이 소고기는 4만 달러, 닭고기는 2만 달러였으나 2017

---

40 출처: upsidefoods.com

년 7월에는 5,280달러로 낮아졌다(당초 목표는 2020년 kg당 60유로였음).
2021년 11월에는 캘리포니아 에머리빌(Emeryville)에 연간 생산량
이 22,680kg인 대규모 육류 제조공장인 '엔지니어링, 제조, 혁신
센터(EPIC)'를 열었다.

옥스퍼드 나노기공 기술(Oxford Nanopore Technologies) ○NANOPORE

의료, 농업, 법의학 등에서 사용하는 DNA 염기서열을 분석(시
퀀싱)하는 장비를 제작하는 회사다. DNA 시퀀싱은 시간이 오래
걸리고 돈이 많이 들며 전문적인 장비가 있어야 하므로 정글, 사
막, 산악과 같은 오지에서는 사용하기 어렵고 특히 저소득 국가에
서는 사용하기 어렵다. 옥스퍼드 나노기공 기술의 MinION 시퀀
싱 제품은 USB 메모리 정도의 크기를 갖고 있으며 무게가 100g
으로 가볍다. 유력한 경쟁사 제품보다 무게는 600분의 1, 가격은
100분의 1 수준이다. 누구든 어디서든 DNA 분석을 가능하게 하
겠다는 옥스퍼드 나노기공 기술의 목표 아래 개발된 제품이며 최
근 자기 집에서 스스로 생물학 관련 일을 하고자 하는 'DIY 바이
올로지(DIY Biology)' 경향을 충족하는 장비다. 설립자인 헤이건 베
일리(Hagan Bayley) 교수는 1990년대 현재 비즈니스의 기반이 된 나
노기공(nanopore)을 이용해 단백질을 처리(engineering)하는 기술을 연
구한 바 있다. 1996년 미국에 있는 협력연구원이 나노기공을 통
해 단일 DNA 분자를 통과시키는 기술을 개발하였으며 이 기술을

MinION[41]

이용해 DNA 분자 내 염기서열을 직접, 고속으로 분석할 수 있음을 알게 되었다. 2005년 단일 분자를 전자적으로 감지하는 시스템을 개발하기 위해 옥스퍼드 나노기공 기술을 설립하였다. 2015년 첫 상업제품인 MinION을 출시하였으며 아이디어에서 제품 출시까지 19년이 걸렸다.

이노스페이스(INNOSPACE) ⟨⟨⟨⟩ INNOSPACE

2017년 9월 설립된 우리나라의 딥테크 스타트업이다. 소형 위성발사체를 개발하고 저비용으로 신속하게 발사하는 맞춤식 서비스를 제공한다. 현재 15톤급 로켓 1단 기술을 보유하고 있으며 2023년 3월 20일 브라질 발사장에서 시험 발사체(한빛-TLV)

---

41 출처: nanoporetech.com

를 성공적으로 발사한 바 있다. 3D 프린팅 기술과 코오롱글로텍이 개발한 복합소재 기술을 활용하고 있다. 코오롱(Kolon DACC Composite)이 이노스페이스에 전략적으로 투자하고 있다. 2단 로켓까지 시험을 마치면 한빛-나노(50㎏급), 한빛-마이크로(150㎏급), 한빛-미니(500㎏급) 위성을 궤도에 올려놓고 서비스할 예정이다.

이노스페이스는 위성발사체 서비스와 관련된 다양한 부문에 장기간의 경험을 가진 경영진으로 구성되어 있다. 김수종 대표는 15년 이상 로켓 기술개발에 종사했고 100편 이상의 논문을 발표할 만큼 우주항공 분야의 전문가다. 대표 외에도 로켓 추진체계 분야에서 12년 이상 기술개발, 대기업에서 23년 이상 경영 담당, 토목건설 분야에서 10년 이상 전문경영, 인도와 미국의 기업에서 12년 이상 근무한 전문가들이 리더 그룹을 형성하고 있다. 저비용 위성발사체 기술개발은 물론 해외 발사장 확보, 글로벌 비즈니스를 실행하는 데 적합한 경영진으로 구성되어 있으며 비즈니스를 위해 국내외 다양한 파트너와 협력관계를 형성하고 있다.

인디고 AG(Indigo Agriculture) °ɪndɪgo

환경친화적인 식물에서 유래한 미생물을 이용해 면화, 밀, 옥수수, 콩, 벼의 생산을 증가시키는 것을 주업으로 하는 미국 보스턴의 농업 기업이다. 2013년 설립 당시에는 회사명이 심바이오타(Symbiota)였으나 2016년 현재의 이름으로 바꾸었다. 농부들을 돕

인디고의 방식으로 처리하지 않았을 때(왼쪽)와
처리했을 때(오른쪽)의 생육 상태[42]

기 위해 농작물 저장과 물류 사업도 하고 있다.

인디고는 뿌리 근처 흙 속에 사는 미생물을 이용하여 종자를 처
리하는 일반적인 방식과 달리 식물 조직 내에 사는 미생물을 이용
한다. 2016년 가뭄에도 생산량이 오히려 증가했던 면화로부터 분
리한 박테리아가 포함된 종자 처리법으로 비즈니스를 시작하였으
며 2018년에는 같은 방법으로 밀, 옥수수, 콩, 벼, 보리 등을 가
뭄에 잘 견디도록 처리하기 시작하였다. 이렇게 처리하면 수확이
3~8% 증가한다.

2017년 14억 달러의 가치를 가진 것으로 평가되어 유니콘 기업
이 되었으며 2018년 5차 투자유치를 완료하였다. 2018년에는 인

---

42 출처: www.indigoag.com/biologicals/for-retailers

공위성 스타트업인 텔러스랩(TellusLabs)을 인수했으며 획득한 위성 영상과 지리정보를 활용해 세계 식품 공급 지도를 제작하고 있다. 2020년에는 페덱스(Fedex), 알래스카 퍼머넌트 펀드(Alaska Permanent Fund) 등으로부터 5억 달러를 투자받아 35억 달러의 기업가치를 갖게 되었다.

임파서블 푸드(Impossible Foods) **IMPOSSIBLE™**

2011년 설립된 기업으로 식물 기반으로 고기를 만드는 대체 육 기술을 개발하는 기업이다. 2015년 이후 2022년까지 CNBC[43] 가 매년 50개씩 선정하는 CNBC 디스럽터 50 기업에 다섯 차례 선정되었다. 대표 제품으로 '임파서블 버거(Impossible Burger)'가 있 으며 2019년 버거킹을 파트너로 하여 '임파서블 와퍼(Impossible Whopper)'를 미국 내에서 출시하였다. 또한 식물 기반의 소시지와 치킨을 제조하고 있다. 회사 자료에 따르면 대체육 패티는 소를 사육해 얻는 소고기 패티보다 토지는 95%, 물은 74% 적게 사용 하며 온실가스 배출량을 약 87% 줄일 수 있고 단백질, 콜레스테 롤 등 성분을 조정할 수 있다. 식물 기반 버거는 비슷한 크기의 소 고기 패티로 만든 버거보다 단백질은 더 많으나 지방이나 에너지 는 적으며 콜레스테롤이 없다. 2018년 코셔(Koscher) 인증과 할랄

---

43 CNBC: 미국의 경제 및 금융 뉴스 TV 채널(Consumer News and Business Channel).

임파서블 버거(왼쪽)와 임파서블 와퍼(오른쪽)[44]

인증을 받았다. 2019년 임파서블 버거 2.0을 출시하였으며 2020년 미국 내 월마트 2,100개 지점에 입점하였다.

임파서블 버거는 일반적인 식물 기반 버거와 달리 공기 중의 질소를 고정하는 콩과 식물의 뿌리혹박테리아에서 추출한 헴(heme)[45]을 함유하고 있다. 헴은 동물의 근육에서 붉은색을 내는 성분으로 혈중 산소 운반을 돕는 역할을 한다. 모든 생명체에 들어있는 성분이며 고기에 들어있는 것과 같은 분자다. 이 회사의 연구원들은 이 성분을 대량으로 제조하기 위해 맥주를 만드는 공정과 비슷하게 효모와 발효법을 사용하였으며 2017년과 2018년 미국식품의약국(FDA)에 등록하였다. 2019년 코로나 팬데믹 이후 여러 식품점으로 진출하였으며 소시지 등 다른 형태의 식품으로도 제조하고 있다.

---

44 출처: impossiblefoods.com
45 우리 몸의 헤모글로빈을 구성하는 요소(헤모글로빈은 4개의 헴으로 구성되어 있음).

우리나라의 스타트업인 티센바이오팜도 독자적으로 살아있는 미세 식용섬유 개념을 도입해 소고기 배양육을 개발하고 있다. 실제 고기와 같은 느낌을 주는 덩어리 고기를 대량 생산해야 하는 난제 해결에 도전하고 있다. 2023년 가격을 낮추는 데 필요한 초저가 배양액 개발을 완료하고 2024년 시식회를 열 계획이다. 티센바이오팜은 2021년 11월 설립되었으며 미래과학기술지주, 인비저닝파트너스, 퓨처플레이, 스톤브릿지벤처스로부터 27억 2천만 원의 투자를 받았다.

잇 저스트(Eat Just)

2011년 설립된 미국 캘리포니아에 기반을 둔 개인 기업이다.

잇 저스트의 달걀 제품[46]

---

46 출처: www.ju.st

기존의 식물 기반 방식으로 생산된 달걀 및 육류 제품의 대체품을 제조해 판매한다. 1억 2천만 달러의 초기 투자를 받았으며 2016년 기업가치가 10억 달러를 넘어 유니콘 기업이 되었다.

2020년 실험실에서 배양한 치킨이 최초의 배양육이었으며 싱가포르에서 공식 인증을 받았고 세계 최초의 세포 배양육을 1,880개 음식점에서 상업적으로 판매하였다. 2021년 3월 기준 1억 개의 달걀에 해당하는 양을 제조한 것으로 알려져 있다.

자이머젠(Zymergen) Ｚ

캘리포니아에 기반을 둔 미국의 바이오기업이다. 유전학 및 기계학습을 이용하여 유전자 변형 유기체를 생산하는 화학물질을 설계하고 있다. 2013년 설립되었으며 설립 이후 2020년까지 8억 7천 6백만 달러를 투자받았다. 2020년 첫 제품인 'Hyaline'을 출시하였으나 큰 손실을 봤으며 2021년 생산을 중단하였다. 2021년 공개 시 5억 달러를 유치하였으나 그 이후 재정의 어려움을 겪었다. 2022년 3억 달러를 받고 깅코 바이오웍크(Gingko Bioworks)에 인수되었다. 2016년까지 DARPA가 지원하는 기업과 포춘 500대 기업에 포함되었으며 2021년 JP 모건과 골드만 삭스를 통해 공개되었는데 당시의 기업가치는 3억 달러였다. 2018년에는 동료 생명공학 회사인 레이디언트 지노믹스(Radiant Genomics)를 인수하기도 했다.

차지포인트(ChargePoint) ‑chargepoint

미국 캘리포니아에 기반을 둔 전기자동차 충전 인프라 기업이다. 2007년 설립되었으며 당초의 기업명은 쿨롱 테크놀로지(Coulomb Technologies)였다. 14개국에서 전기차 충전소 온라인 네트워크(networked charging)를 운영하고 있다. 2017년 멕시코, 호주, 캐나다, 미국 등지에 34,900개의 충전소를 운영했으며 같은 해 GE로부터 9,800개의 충전소를 인수하였다. 2022년 3월 기준 174,000개의 충전소를 운영하고 있다. 상업용 충전기는 물론 개인용 충전기도 운영하고 있다. 16A(암페어), 32A, 50A, 63A 등 다양한 규격과 22kW(킬로와트)부터 62.5kW까지 다양한 용량을 채택하고 있다. 지난 10년 동안 약 1억 7천 2백만 대의 충전기를 설치하였다.

충전 설비의 모습(왼쪽부터 상업용, 충전소용, 개인용)[47]

---

47 출처: www.chargepoint.com

카본(Carbon) **Carbon˚**

2013년 설립된 미국 캘리포니아의 디지털 제조기업이다. 연속 액체 계면 제조공정인 CLIP 프로세스[48]를 활용하는 3D 프린터를 개발하고 첫 제품으로 'Carbon M1' 프린터를 출시하였다. 고객에게 소재 낭비를 줄이고 차별화된 제품을 고속으로 제조하는 솔루션을 제공하기 위해 소프트웨어, 하드웨어, 분자과학을 통합하였다. 자외선(UV) 경화와 열(thermal) 경화를 결합한 이중 경화 소재(dual cure material)를 개발해 통상적인 사출성형법으로 제조한 플라스틱 부품의 강도를 능가하는 부품을 3D 프린팅으로 제조할 수 있게 함으로써 3D 프린팅의 약점인 낮은 강도 문제를 극복하였다. 아디다스, 포드 자동차, 벡톤 디킨슨(Becton Dickinson) 등 여러

이중 경화 소재를 이용해 제조한   카본의 장비와 소재로 제조한
3D 프린팅 제품   아디다스 운동화[49]

---

48 Continuous liquid interface production process.
49 출처: www.carbon3d.com

회사가 카본의 장비와 소재를 사용하고 있다. 2017년 아디다스가 카본의 기술을 사용해 3D 프린팅으로 운동화의 중창을 제조하였다. 세콰이어 캐피털(Sequoia Capital), 구글 벤처, GE, 피델리티(Fidelity Management & Research), 아디다스, BMW, 존슨 앤드 존슨(Johnson & Johnson) 등이 투자하고 있다.

퀀텀스케이프(QuantumScape) QuantumScape™

2010년 스탠포드대에서 설립되었으며 차세대 전지로 주목받고 있는 전기차용 고체 리튬 금속 전지를 개발하는 미국기업이다. 불안정한 고분자 분리막 대신 세라믹 분리막을 채택하여 리튬 금속 음극에 요구되는 높은 이온전도도와 리튬 금속에 대한 안정성, 수지상 형성 억제, 낮은 계면 저항을 달성해 15분 이내 10~80%를 충전하는 고속 충전, 장수명을 달성하는 것을 목표로 하고 있다. 2012년 독일 자동차기업인 폭스바겐과 협력하기 시작했으며 빌게이츠도 투자했다. 폭스바겐은 2018년 1억 달러를 투자하였으며 고체 전지의 공동생산 프로젝트에 착수하였고 2020년 2억 달러를 추가 투자하였다. 2020년 켄싱턴 캐피털 애퀴지션(Kensington Capital Acquisition)에 합병되었고 폭스바겐, 카타르 투자 은행의 투자를 합쳐 10억 달러를 투자받았으며 뉴욕 주식시장에 상장(QS)되었다. 2022년 7월 배터리 무게 kg당 380~500Wh(와트·시)의 에너지 밀도를 가진 주행거리 650km의 고체 전지 생산을 발표했다.

테라파워(TerraPower) TerraPower.

최근 우리나라 언론에 자주 등장하는 원자로를 설계하고 제작하는 미국기업이다. 테라파워가 개발 중인 원자로는 고속 증식로의 일종인 진행파 원자로(traveling wave reactor(TWR))이며 천연 혹은 감손 우라늄을 원료로 사용하여 60년 이상 연료 재장전 없이 가동할 수 있고 농축 및 재처리가 필요 없다. 노심에 U-235(농축 우라늄)를 배치하고 그 주위에 U-235를 분리하고 남은 U-238이나 농축 과정에서 나온 열화우라늄을 배치한다. 노심의 U-235를 핵분열 (점화)시켰을 때 나오는 진행파를 이용해 U-238을 플루토늄 Pu-239로 증식한 후 핵분열(연소)시켜 에너지를 얻는 방식이다. 이 기술은 MIT가 2009년 10대 유망기술로 선정한 바 있다. 냉각제로 물 대신 융융염(나트륨)을 사용하므로 안전하며 점화에 필요한 소량의 농축 우라늄을 제외하면 농축 과정이 필요하지 않으며 플루토늄을 자체 증식해 사용하므로 사용 후 연료의 재처리도 필요하지 않고 핵확산의 우려가 없다. 또한 천연 혹은 감손 우라늄을 사용하므로 연료 자원이 충분한 장점이 있다.

테라파워는 2006년 빌 게이츠가 대주주로 설립하였다. 미국 에너지성(DOE), 로스 앨러모스 국립연구소가 지원하고 있으며 찰스 리버 벤처스 등이 투자하고 있다. 독일 지멘스, 프랑스 아레바 출신 고속 증식로 기술자와 MIT, 캘리포니아대, 로렌스 리브모어 국립연구소 출신 연구원이 참여하고 있다.

시보그 테크놀로지스와 테라파워의 예에서 보듯이 현재의 핵분열 방식에서 그동안 큰 우려의 대상이었던 안정성 문제를 해소하는 새로운 방식이 상업화되고 있어 원자력 발전이 녹색 분류체계(green taxonomy)에서 더욱 공고한 위치를 굳힐 계기가 될 것으로 보인다.

파이퀀트(PiQuant) ?iQuant
Expose Light, Analyze Right

2015년 설립된 우리나라의 딥테크 스타트업이다. 분광학을 기반으로 물질에 빛을 쏴서 성분을 분석하는 장비인 분광기를 소형화하는 기술을 보유하고 있다. 개발한 분석기는 대형 분광기의 성능을 98% 수준으로 충족하면서도 가격은 50분의 1 내지 100분

워터 스캐너(Water scanner)[50]

---

50 출처: www.piquant.asia

의 1 수준이다. 분석에 걸리는 시간은 기존 장비가 최대 3일이지만 개발한 분석기는 1분 미만 수준이다. 파이퀀트가 개발한 워터 스캐너(water scanner)는 물이 오염됐는지를 실시간 확인하고 물속의 대장균을 검출할 수 있다. 세계에서 약 21억 명이 깨끗한 물을 마시지 못하고 수인성 질병에 노출되어 있으며 이는 보건 분야에서 풀어야 할 세계적인 난제 중 하나다. 해당 지역은 대부분 저개발국이나 개발도상국으로 값비싼 장비는 엄두도 내지 못하는 것이 현실이며 파이퀀트의 기술은 이런 환경에 부합하는 적정 기술이다. 이미 기술의 우수성과 가치를 세계적으로 인정받고 있으며 2019년 빌&멀린다 게이츠 재단과 그랜드 챌린지 익스플로레이션(Grand Challenge Exploration(GCE)) 프로그램의 수질 및 위생 개선 분야와 파트너십을 맺고 있다.

폴리아 워터(Folia Water) 🔵 folia Water

미국 뉴욕에 있는 첨단소재 스타트업이다. 오염된 물속에 들어있는 박테리아를 죽일 수 있는 은(銀) 나노입자가 포함된 종이 필터를 만든다. 수십 센트 수준의 값싼 필터를 이용해 정화된 물을 쉽게 얻을 수 있다. 이 기술은 2015년 타임(TIME)이 선정한 25대 기술 중 하나다. 설립자인 테레사 단코비치(Theresa Dankovich)는 2013년 세계 여러 곳에서 오염된 물을 정화하는 시험을 진행하였고, 남아프리카공화국에서 오염된 물이 마실 수 있을 정도로 정화되는 것을 확인하였다. 2014년 이 기술을 보급하기 위해 워터이즈라이프(WATERisLIFE)와 협력해 각 지역의 언어로 된 안내서(Drinkable Book)를 제작하였다. 이 사업은 테레사 단코비치가 박사과정(2006~2012년) 중에 수행했던 연구를 기반으로 하고 있으며 2016년까지 기술개발을 계속하였다. 2016년 영리회사인 폴리아 워터를 창립하였으며 2017년 저소득 국가를 대상으로 제품을 출시하였다. 시제품 제작에서 제품 출시까지 11년이 소요되었다.

플래닛 랩(Planet Labs) planet.

플래닛 랩은 2010년 미국 샌프란시스코에서 공개기업(PL)으로 설립되었으며 코스모지아(Cosmogia)와 합병되어 현재는 플래닛 랩 PBC로 부른다. 국방정보, 기후변화, 작물 수확 예측, 도시 계획, 재난 대응, 에너지 및 사회간접자본(SOC), 토지이용 등 지구에서 나타나는 매일매일의 변화를 영상화하는 것을 목적으로 한다. 고성능 망원경과 카메라를 장착한 초소형 인공위성[51] '도브(Dove)'를 설계하고 제작하며, 다른 용도로 발사되는 로켓에 함께 실어 궤도에 진입시킨다. 2015년 블랙브릿지(BlackBridge)에 합병되었다.

87개의 도브 인공위성과 5개의 래피드아이(RapidEye) 인공위성을 궤도에 올려놓았다. 2017년에는 88개의 도브 인공위성을 추가로

---

51 Dove 위성: 무게는 약 4kg으로 일반 위성의 1천분의 1 수준이며 크기는 10㎝ ×10㎝×30㎝이다. 약 400㎞ 높이의 궤도에서 3~5m의 해상도를 가지고 있다.

플래닛 랩이 제공하는 정보

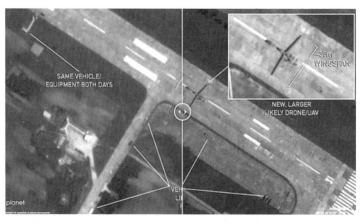

2023년 6월 14일 북한 방현 공군기지 활주로에서 포착된 신형 드론[52]

올려놓았으며 구글로부터 테라 벨라(Terra Bella)와 스카이샛(SkySat)
인공위성을 인수하였다. 2018년까지 약 300개의 인공위성을 올

---

52 출처: NK뉴스 캡처(2023년 6월 15일 중앙일보), www.planet.com

려놓았고 약 150개를 운용하고 있다. 2020년에는 6개의 고해상도 인공위성과 35개의 도브 인공위성을 올려놓았다. 2021년 48개의 플래닛 슈퍼도브(Planet SuperDove)를 추가로 발사해 200개 이상의 인공위성군을 운용하고 있다. 2021년 SPAC인 DMY 테크놀로지 그룹에 합병되면서 뉴욕 주식시장에 상장되었으며 기업가치는 28억 달러로 평가되었다. 노르웨이의 국제기후 및 산림이니셔티브(NICFI)의 지원을 통해 64개 적도국에 고해상도 영상자료를 제공하고 있으며 세계식량농업기구(FAO)에 생태계 모니터링 자료를 제공하고 있다.

필메디(Philmedi) ◉ PHILMEDI

2019년 나노기술과 바이오기술을 기반으로 설립(김상효 교수-가천대)된 우리나라의 딥테크 스타트업이다. 성범죄 약물인 감마하이드록시낙산(물뽕/GHB), 필로폰, 코카인 등 마약 성분을 소량의 시료만으로 10초 안에 육안으로 검사할 수 있는 스티커 타입의 범죄 예방용 키트를 출시하였고 수사 전용 검사 키트로 제품을 확장할 예정이다. GHB를 검사하는 키트(G-CHECK)는 아마존 약물검사 카테고리에서 판매 1위를 기록 중일 만큼 제품의 우수성과 사용 편리성을 인정받고 있다. 필메디는 이외에도 현장 진단에 특화된 독보적 기술을 갖고 있다. 코로나바이러스, 성병, 결핵, 뎅기열, 말라리아 등의 감염병 진단용 현장 분자진단 플랫폼 개발을

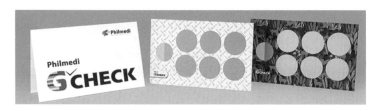

G-CHECK 구성품[53]

완료하였으며, 기술의 우수성과 생산 경쟁력의 우위를 인정받아 WHO 산하 세계혁신진단기기재단(FIND)으로부터 지원을 받고 있다. AI 기술을 적용하여 병원에 가지 않고 스마트폰만으로 소변이나 타액 속의 호르몬을 정량으로 분석하여 생리, 배란을 비롯한 신체의 변화와 질병의 진행 여부를 측정할 수 있는 스마트 자가진단 플랫폼도 출시하였다. 에스트로겐, 프로게스테론과 같은 주요 여성호르몬은 물론 코티졸, 멜라토닌과 같이 불면증, 우울증에 관여하는 호르몬까지 진단 범위를 확장하여 생애 전주기 및 정신질환까지 스스로 진단할 수 있게 할 계획이다. 마약, 감염병, 신체 변화 등 건강과 안전을 위협하는 요인을 예측하고 예방할 수 있는 혁신적 현장 진단 기술로 세계적인 주목이 기대된다.

CFS(Commonwealth Fusion Systems) ☀ Commonwealth Fusion System

CFS는 2018년 MIT의 플라스마 과학 및 핵융합 센터(PSFC)에서

---

53 출처: philmedi.com

분리되어 설립된 핵융합 시스템 전문업체다. 2021년 고온 초전도체를 이용해 고온의 플라스마를 가두는 데 필요한 고성능 20T (테슬라) 자석을 제작하는 데 성공하였다. 초전도 자석을 이용해 투입한 에너지보다 2배 이상 많은 에너지를 출력(Q〉2)하는 토카막 핵융합 장비인 SPARC를 개발하고 있으며, 최초의 상업용 핵융합 발전소인 ARC를 사업화할 예정이다. 2025년 말까지 상업성 있는 100MW (메가와트) 규모의 핵융합로를 개발하는 계획을 진행하고 있다. 2022년말 기준 350명의 인원이 일하고 있다.

CFS가 추구하는 것은 탄소배출 난제를 해결하는 에너지 솔루션으로 70년 핵융합의 꿈을 실현하는 것이다. 토카막 핵융합로에

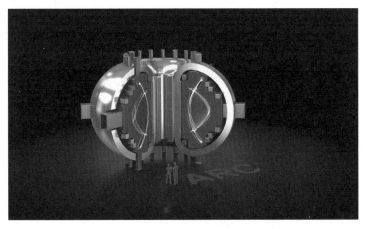

처음으로 상업화를 추진 중인 ARC 시스템[54]

---

54 출처: cfs.energy/technology

관한 이론이나 설계는 오래전부터 있었으나 그간 실현할 수 없었던 것은 섭씨 1억℃ 이상의 초고온 플라스마를 오랫동안 안정적으로 가둬놓을 수 있는 환경을 만들 수 없었기 때문이었다. 최근 고온 초전도체의 성능이 획기적으로 개선되어 적은 비용으로 강력한 자기장을 발생시킬 수 있게 됨[55]에 따라 상업성 있는 핵융합로를 제작할 수 있는 길이 열렸다. 여기에는 빌 게이츠, 타임 벤처스, 스타브릿지 벤처 캐피털 등 세 개의 주도적인 투자그룹과 MIT의 엔진이 포함된 총 36개 투자기관이 투자하고 있다.

핵융합로를 개발하고 있는 기업은 CFS(2억 5천만 달러(투자금액)) 외에도 TAE 테크놀로지(TAE Technologies(8억 8천만 달러)), 헬리온 에너지(Helion Energy(5억 7천 8백만 달러)), 제너럴 퓨전(General Fusion(2억 달러)), 토카막 에너지(Tokamak Energy(2억 달러)), 기타 12개 회사(3억 2백만 달러) 등 2022년 말 기준 세계적으로 35개 이상의 관련 기업이 있다. 이들은 모두 딥테크 스타트업으로 1990년대 이후 설립되었다. 설립 추이를 보면 1990년대 2개, 2000년대 7개, 2010년대 16개, 2021~2022년 8개로 2016년 이후 급격히 늘고 있다. 18개 투자회사가 핵융합 기술개발에 약 24억 달러를 투자하고 있어서 이른바 '핵융합의 스페이스X 순간[56]'을 맞이하고 있다.[57] 이들 스타

---

55 고온 초전도체는 상업성 있는 핵융합로 실현을 가능하게 해주는 기술(enabling technology)에 해당한다.
56 우주개발이 정부 주도에서 민간 주도로 넘어가면서 급성장하게 된 것에 비유해 말한 것이다(Mowry).

트업은 대부분 2025년이면 상업성이 있는 핵융합로를 시연할 계획이며 2030년까지 상업성을 달성하는 것을 목표로 하고 있다. 많은 전문가가 상업적인 핵융합이 실제로 가능할 것으로 보고 있고 2030년에서 2040년 사이, 늦어도 2050년까지는 상업 발전을 실현할 수 있을 것으로 보고 있다.

2000년대 들어 핵융합 관련 딥테크 스타트업이 붐을 이루는 것은 그동안 핵융합을 실현하는 데 필요한 과학기술이 괄목할 만한 수준으로 발전했기 때문이다. 선진국이 핵융합 관련 연구를 꾸준히 해 온 결과 플라스마 물리나 토카막 융합로 설계 등에 큰 진전이 있었으며 많은 고급 전문 인력이 양성되었다. 이런 환경에서 2007년 10월 시작된 미국, EU, 러시아, 인도, 일본, 중국, 한국 등 7개국이 참여하는 국제핵융합실험로(ITER)[58] 구축 사업이 민간이 핵융합로 사업에 진출하는 데 마중물 역할을 톡톡히 하였다. ITER 사업이 2025년 실험로 운전을 계획하고 있는 것도 핵융합 스타트업들이 상업용 시제품 제작을 2025년으로 예정하고 있는 것과 무관하지 않다. ITER 사업에서 구축하고 있는 실험로는 초대형인데다가 액체 헬륨을 사용해야 하는 금속간화합물계 초전도체로 만든 초전도 자석을 채택하고 있어서 제작하고 설치하는 데

---

57 Philip Ball: The race to fusion energy, Nature 599, 362 (November 18, 2021).
58 ITER: International Thermonuclear Experimental Reactor.

큰 비용이 들며 시설을 운용하는 비용도 많이 들어가므로 상업적으로 활용할 수 있는 수준에 도달하기 위해서는 풀어야 할 과제가 많다.

최근 끓는 온도가 영하 268.8℃(4.2K)인 액체 헬륨 대신 끓는 온도가 영하 196℃(77K)인 액체 질소를 사용하는 고온 초전도 선재의 성능이 크게 향상되고 대량 제조가 가능해짐에 따라 고성능 초전도 자석을 제작하고 유지하는 비용을 크게 줄일 수 있게 되었다. 덕분에 플라스마 용기를 설계하는 기술이 발전하여 작게는 테니스 경기장 한 면 크기를 가진 핵융합로를 설계할 수 있게 되었다. 이런 기술 진보를 기반으로 에너지 문제를 궁극적으로 해결[59] 할 수 있는 핵융합로의 상업화가 급물살을 타게 되었다.

한편 이런 초고온 플라스마 방식이 아닌 다른 방법으로 핵융합을 통해 에너지를 얻는 방식도 진전을 보이고 있다. 2022년 12월 미국 로렌스 리버모어 국립연구소(LLNL)가 강력한 레이저를 핵융합 원료에 집중해 핵융합을 유도하여 투입한 에너지보다 많은 에너지를 생산한 결과를 발표하였고 2023년 7월 지난번 결과보다 더 많은 에너지를 얻었다고 발표하였다. 아직 상업적 가치를 말할 단계는 아니지만 핵융합 기술이 점차 실용적인 수준으로 발전해 가고 있다는 신호로 볼 수 있다.

---

59 2040년경 상업적 핵융합 발전이 가능하게 될 전망이다.

D-웨이브 시스템스(D-Wave Systems) D:WAVE
The Quantum Computing Company™

록히드마틴, 남캘리포니아 대학, 구글, NASA, 로스 앨러모스 국립연구소 등에 세계 최초로 양자컴퓨터를 판매한 캐나다의 양자컴퓨팅 회사다. 1999년 설립되었으며 브리티시 컬럼비아 대학에서 창업되었다. 2011년 128큐비트 칩셋으로 동작하는 세계 최초의 상업 양자컴퓨터인 'D-Wave One'을 발표하였으며 2007년 2월 16큐비트, 11월 28큐비트 양자 어닐링 프로세서를 가진 시제품을 시연하였다. 2015년 NASA Ames 연구센터의 양자 인공지능 연구소에 1,000큐비트 이상의 2X 양자컴퓨터를 설치하였다.

D-웨이브 시스템스의 양자컴퓨터 칩(냉각 및 차폐 장치에 장착된 모습)[60]

---

60 출처: www.dwavesys.com

지금까지 2,048큐비트 이상의 양자컴퓨터를 제작하였으며 2020년대 중반까지 5,000큐비트 이상의 양자컴퓨터를 제작할 계획이다. D-Wave One 외에 D-Wave Two, D-Wave 2X, D-Wave 2000Q, Advantage, Advantage 2 등 여러 기종의 양자컴퓨터를 판매하고 있다.

TBM 코퍼레이션(TBM Corporation)

2011년 8월 설립된 일본의 스타트업이다. 2022년 현재 12억 달러의 가치를 가진 것으로 평가되었으며 2022년 일본의 8개 유니콘 기업 중 하나다. 석회석을 주성분으로 하는 벽돌 기반의 소재인 LIMEX 소재를 개발하고 있으며 종이나 플라스틱을 대체하는 것을 목표로 하고 있다. SK그룹, 난토 은행(Nanto Bank), 신에너지산업기술종합개발기구(NEDO), JK 이스트 스타트업(JK East Startup), 산요 화학산업 등이 투자하고 있다. 40여 개국에 특허를 출원하였으며 효율적인 특허전략으로 2,500억 원의 투자를 유치하였다.

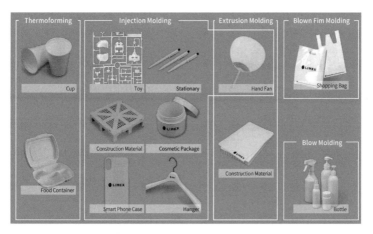

LIMEX 소재를 이용하여 제조한 제품군[61]

61 LIMEX Innovation Report (April 2023). 출처: www.tbm-corp.co.jp

4장 :

딥테크가 출현하게 된 배경

DEEP TECH

지속 가능한 발전을 위해
해결해야 할 난제들

재앙으로 치닫는 기후변화

'인류의 절반이 홍수나 가뭄, 극단적인 폭풍, 산불의 위험지역에 살고 있다. 어느 나라도 예외가 없다. 그런데도 우리는 화석연료 중독을 끊지 못하고 있다'는 구테흐스 유엔 사무총장의 말처럼 화석연료를 오랫동안 과다하게 사용해온 결과가 누적되어 나타난 기후변화의 영향으로 자연재해가 세계 곳곳에서 더욱 빈번해지고 피해 규모가 점점 더 커지고 있다. 또 '인류가 집단행동이냐 집단자살이냐의 갈림길에 있다'고 강조한 것처럼 지금 해결에 나서지 않으면 인류가 자멸할 수도 있다.

2022년 들어 알프스와 안데스의 빙하가 급격히 녹아내리고 45℃에 육박하는 전례 없는 열파가 유럽 대륙과 미국 남서부를 강타했으며 호주 대륙에는 대규모 산불이 발생하였다. 겨울에는 유래를 찾아보기 힘든 폭설과 한파가 북미를 강타했다. 2023년 7월

초 지구의 평균기온이 사상 최고치를 기록하였으며 엘니뇨 효과가 본격적으로 나타나게 될 2024년에는 평균기온이 더욱 높아질 전망이다. 지금은 구테흐스 사무총장이 말한 것처럼 인류가 공동의 절박함으로 '집단행동'에 나서야 할 때다. 이런 행동이 일시적인 구호로 끝나지 않고 실질적인 성과가 나오고 경제적으로 선순환하는 단계에 도달해야만 기후변화가 완화되고 새로운 패러다임이 정착될 수 있다.

결국 세계는 지금까지와 다른 새로운 사고와 행동에 나설 수밖에 없게 됐으며 2050년까지 지구 평균기온 상승 폭을 산업혁명 이전과 비교해 1.5℃ 이하로 동결하기 위한 국제 움직임이 구체화되었다. 그리고 탄소(정확하게는 온실가스를 말하는 이산화탄소) 배출량을 줄이기 위한 NDC를 국가별로 설정하고 실행에 들어가기도 했다. 그러나 최근 기후변화로 일부 지역에서 풍력자원이 감소하고 러시아-우크라이나 전쟁으로 에너지원인 천연가스나 석탄의 공급에 문제가 생기면서 기후변화에 대응하기 위해 화석연료 사용을 줄여오던 세계의 움직임에 제동이 걸리고[62] 탄소배출이 오히려 급격히 늘어 연간 기준 최대치를 경신했다. 탄소를 전혀 배출하지 않거나 적게 배출하는 에너지원을 찾는 것이 더욱 절실해졌다. 에

---

[62] 석탄 화력발전소나 원자력 발전소의 수명을 연장하거나 폐쇄한 발전소의 재가동을 추진하는 등 그동안의 움직임에 역행하는 조치들이 나타나고 있지만 최근 기후변화로 인한 자연재해가 재앙의 수준으로 심각해지고 있으므로 곧 원래의 움직임으로 복귀하게 될 것으로 보인다.

너지 분야뿐만 아니라 사회 전체를 탄소를 적게 배출하는 구조로 전환해야 할 필요를 절감하게 되었다. 지정학적인 불확실성에 영향을 받지 않고 보편적으로 사용할 수 있는 안전하고 지속 가능한 에너지원에 대한 갈망이 더욱 커지게 되었다.

난제를 해결하는 데에는 많은 기술이 필요하다. 2050년까지 온난화 수준을 1.5℃ 미만으로 억제하는 목표를 달성하는 데 필요한 전체 기술 중 20%는 지금까지 개발된 기술로는 대응하기 어렵다고 한다. 많은 새로운 기술을 신속하게 개발하고, 급증하는 신기술 수요에 빠르게 대응할 수 있는 방법을 찾아야 한다.

그 밖의 난제들

에너지 외에도 인류의 장래나 삶의 질 향상을 위해 해결해야 할 난제가 여러 영역에 산재해 있다. 미세플라스틱 입자[63]에 의한 토양(지하수)이나 해양의 오염, 급격한 도시화에 따른 대기오염, 불안정한 식량 생산, 코로나 바이러스와 같은 새로운 전염병의 확산 등 인류의 활동과 직간접으로 관련된 난제들이 해결을 기다리고 있다. 새로운 기술의 수요가 그만큼 늘고 있다.

---

63 미세플라스틱 입자: 플라스틱이 열화나 산화되어 형성된 미크론 수준의 입자를 말한다. 생태계의 먹이사슬을 따라 움직이므로 해양이나 육상의 동물은 물론 인체에까지 영향을 미친다. 이런 이유로 기후변화 다음으로 인류의 미래를 위협할 요인으로 보고 있다.

딥테크와 난제 해결

딥테크는 앞서 소개한 것처럼 기후변화와 같은 글로벌 난제를 해결하는 데 직간접적으로 연관이 있는 기술이 대부분이다. 현재 거론되고 있는 딥테크 중 많은 기술은 이미 존재하는 기술인데, 최근 다시 주목받고 있는 이유를 정리해본다.

주목받지 못했던 기술의 재발견

수십 년 혹은 100년 이상 발전해온 산업은 기술을 꾸준히 진화시켜 온 결과 효율이 높아질 대로 높아졌고 이제는 거의 한계 수준에 접근하고 있다. 따라서 동일한 기술영역에서 탄소배출을 추가로 줄일 수 있는 여지는 많지 않을 것으로 보인다. 대량으로 사용하고 있는 철강재 1톤을 생산하는 과정에서 배출하는 탄소량은 약 2톤이다. 철강재 못지않게 많은 양을 소비하는 시멘트 역시 1톤을 생산하는 동안에 0.62톤의 많은 탄소를 배출한다. 수많은 인구[64]를 부양하는 데 필요한 식량의 생산량을 늘리기 위해 사용하는 질소 비료를 제조할 때도 많은 양의 탄소가 발생한다. 그동안 철강재나 시멘트를 제조하는 공정을 효율화해 탄소배출을 줄여왔으나 더 이상 획기적인 감축을 기대하기 어렵다.

이처럼 기존의 공정이나 산업체계를 개선하는 것으로는 탄소배출을 줄이기 쉽지 않으므로 기존 생산시스템을 전면적으로 전환해야 할 필요가 생겼으며 그동안 주목받지 못했던 기술이나 새로운 기술에 대한 관심이 높아지고 있다. 그동안 탄소를 환원제로 사용하지 않는 수소 환원 제철이나 탄소를 흡수하는 시멘트, 암모니아를 저압(低壓)에서 합성하는 기술 등 탄소배출을 줄일 수 있는 기술이 개발돼왔지만, 비용이 많이 들거나 대량생산 체계를 갖추기가 쉽지 않아 산업적으로 주목받지 못했다. 사회경제적 환경이 변하면서 이런 기술들에 다시 주목하게 되었으며 산업적으로 활용하는 사례가 늘고 있다.

유망 신기술의 성숙 - 새로운 수단의 등장

글로벌 난제를 해결할 수 있는 기술 중 일부는 일찌감치 유망해 보였지만 경제적으로 활용할 수 있는 수준에 도달하지 못했거나

---

64 세계 인구는 2000년 61.1억 명에서 2020년 77.5억 명으로 늘어났으며 2022년 80억 명을 돌파하고 2030년 85억 명, 2050년 97억 명, 2080년 104억 명으로 정점에 이를 것으로 전망된다.

공학적으로 실현할 수 있는 수단이 개발되지 않아 산업적으로 활용할 수 없었다. 현대의 과학기술은 원자나 분자를 개별적으로 제어하여 최소단위의 물질구조를 인위적으로 제어할 수 있는 수준으로 발전하였으며 이를 이용해 물질의 성능을 극한 수준으로 끌어올릴 수 있게 되었다. 내부에 수백만 개 이상의 원자가 들어있는 덩어리 촉매 대신 원자 하나가 촉매로 작용하는 단원자 촉매나 촉매 원자를 한 층으로 코팅한 단원자층 촉매를 사용할 수 있게 된 것이다. 덩어리 촉매는 원자뿐만 아니라 함께 들어있는 결함을 포함하고 있으므로 촉매 원자가 가진 고유의 성능을 발휘하지 못한다. 촉매의 구조를 원자 단위로 제어하면 원자가 가진 고유한 특성을 올곧이 활용할 수 있으므로 이론값에 가까운 촉매 특성을 얻을 수 있다. 또한 원자나 분자를 개별적으로 제어하여 자연적으로는 만들어지지 않는 촉매를 인공적으로 제조해 새로운 구조와 기능을 가진 소재를 합성할 수 있게 됨으로써 소재 영역을 확장할 수 있게 되었다. 즉, 기존 촉매로는 합성할 수 없었던 새로운 소재를 합성하거나 합성 수율이 낮았던 소재를 경제적으로 대량 합성할 수 있게 되었다.

나노기술, 고성능 컴퓨터를 이용한 전산모사(시뮬레이션), 빅데이터, 합성생물학 등 과학기술의 발전으로 그동안 산업적으로 활용하는 단계에 도달할 수 없었던 유망기술이 기술적 한계를 극복할 수 있게 되면서 실용화될 기회가 마련되었다. 특히 컴퓨터의 연산 능력이 획기적으로 향상되어 대용량 물질정보[65]를 고속으로 처리할 수 있게 됨에 따라 새로운 구조를 가진 소재를 디지털 가상공간에서 설계할 수 있게 되었다. 그 결과 새로운 성능을 가진 소재를 창제하거나 기존 소재의 성능을 혁신적으로 개선할 수 있게 되었으며 신소재 개발에 들어가는 기간과 비용을 획기적으로 줄일 수 있게 되었다.

또한 기술 간 융합을 통해 공학적 솔루션이 속속 개발되면서 글로벌 혹은 사회경제적 난제를 해결할 가능성이 크게 높아졌으며 융합형 돌파 기술이 등장함에 따라 대형 난제 해결에 도전할 수 있게 되었다. 예를 들어 초전도 선재 기술의 발전으로 초고온 플라스마를 안정적으로 가둬놓을 수 있는 강력한 초전도 자석을 제작할 수 있게 됨에 따라 그동안 실현할 수 없었던 핵융합 기술이 조만간 경제성 있는 에너지 획득 수준에 도달하게 될 전망이어서 1950년대 이후 핵물리학 분야의 꿈이었던 핵융합에 의한 에너지 생산에 한 발짝 더 다가설 수 있게 되었다.

새로운 환경 - 사회 인식의 변화와 신기술 융합

21세기 들어 환경을 중시하는 사회의식이 높아지고 개인의 취향을 중시하는 경향이 일반화되면서 소비패턴이 크게 달라지고

---

65 빅데이터를 말한다.

있다. 이러한 소비패턴의 변화가 산업 전반으로 확산하고 있는 3D 프린팅과 같은 새로운 제조공정을 만나 제조혁신이 일어나고 있다. 지금까지의 대량생산-대량소비 체제에서 벗어나 개인별 요구(on-demand)에 맞춘 제품을 고객과 가까운 현장(on-site)에서 곧바로(on-time) 제조하여 전달하는 제조혁신이 일어나고 있다. 3D 프린팅이 불러온 대표적 혁신 사례로는 우주용 발사체의 비용 중 상당한 부분을 차지하는 1단 로켓의 엔진 노즐을 3D 프린터로 보수하여 재사용함으로써 발사 비용을 크게 줄여 민간 우주개발의 장이 열리게 된 것을 들 수 있다. 소프트웨어 영역에서는 전자태그(RFID) 기반의 자동화된 물류체계에 AI와 빅데이터를 융합해 글로벌 물류체계를 저탄소 체계로 전환하고 있다.

1차 산업혁명 이후 지금까지의 경제 활동은 좁은 범위의 기술, 즉 제품 생산과 직접 관계된 기술영역에서 발생하는 비용에만 관심이 있었다. 환경오염으로 인한 사회의 부담이 증가하고 기후변화와 관련이 있는 피해에서 오는 사회경제적 간접비용이 부담스러운 수준으로 커지면서 제품을 생산하는 동안 배출하는 탄소는 물론 제품의 생산부터 재활용 혹은 폐기까지의 전체 수명주기 동안 환경에 미치는 영향이 제품의 가격에 반영되는 등 비용 산정의 기준이 점차 달라지고 있다. 제품의 비용 기준이 달라지면 제품을 생산하고 유통해 얻을 수 있는 수익의 구조가 달라지고 이런 수익구조의 변화는 투자 부문에 큰 영향을 미친다.

원료를 만드는 과정에서부터 최종 폐기 단계까지의 전체 과정이 환경에 미치는 영향을 종합적으로 평가[66]하고, 배출하는 탄소량에 따라 부과되는 탄소세를 고려하면 얻을 수 있는 이익의 비율은 과거보다 크게 줄어든다. 제품 가격을 인상하지 않는 이상 이익이 생기지 않거나 심지어 손해를 보는 경우도 생길 수 있다. 따라서 탄소를 많이 배출하거나 환경을 오염시키는 요소를 많이 가지고 있는 기존 제품은 시장에서 입지가 줄어들 수밖에 없으므로 기업은 새로운 비즈니스 환경에 적합한 제품을 개발하지 않을 수 없다. 하지만 기존 기술을 개선하거나 융합하는 것으로 환경 변화에 대응하는 데는 한계가 있으므로 그동안 주목받지 못하던 친환경 딥테크에 관심을 가질 수밖에 없다. 완제품을 제조하는 기업 역시 탄소배출을 줄이기 위해 탄소배출이 적은 부품으로 대체해야 하므로 딥테크 스타트업과 관계(공급사슬)를 가질 수밖에 없다.

딥테크 – 새로운 사업 기회

최근 딥테크 영역에 대한 VC의 투자가 빠르게 늘고 있는 것은 딥테크에 주목할 수밖에 없게 된 상황을 인식하고 투자를 미리 시

---

66 전 과정 평가(life-cycle assessment)를 말한다. 제품 또는 시스템의 모든 과정인 원료채취 단계, 가공, 조립, 수송, 사용, 폐기의 모든 과정에 걸쳐 에너지와 광물자원의 사용과 이로 인한 대기 및 수계, 토양으로의 환경 부하량을 정량화하고 이들이 환경에 미치는 잠재적 악영향을 규명하고, 환경 부하가 환경에 미치는 영향을 평가하여, 이를 저감, 개선하고자 하는 기법이다. (위키백과)

작한 것이라고 볼 수 있다. 즉, 기후변화에 대응하는 과정에서 자리 잡게 될 새로운 패러다임에서 딥테크는 새로운 비즈니스 영역이 될 것이므로 VC가 선제적으로 투자하는 것으로 볼 수 있다. 향후 VC를 포함한 투자 부문은 딥테크 그 자체는 물론 해당 기술을 포함하는 생태계 전반에 미치게 될 영향까지 관심을 두게 될 것이다. 딥테크가 주목받고 있는 배경을 요약해 말하면 구테흐스 유엔 사무총장이 말하는 집단행동이 가져올 변화가 곧 현실로 다가오리라는 것이다. 즉, 딥테크가 유망한 비즈니스 영역, 새로운 사업 기회가 될 것이라는 것이다.

딥테크가 출현한 배경

딥테크의 출현에는 지금까지의 기술을 바라보는 시각으로는 더 이상의 지속 가능한 발전을 기대하기 어렵게 된 사회경제적 환경의 변화가 있으며, 그 배경은 다음과 같다.

기술 전주기에 대한 관심 증대

지금까지 기술에 대한 일반 인식은 주로 성장(발전), 성능, 효율, 이익 등에 관련된 직접적인 경제성과에 바탕을 두고 있었다. 환경파괴나 기후변화처럼 상당한 시차를 두고 나타나는 산업활동의 부정적인 영향이나 자신과 멀리 떨어진 지역에서 일어나거나 직접적인 효과로 바로 나타나지 않는 부정적인 영향에는 큰 관심을 두지 않았다. 즉, 가까운 거리에서 곧바로 나타나는 기술의 부작용에는 관심이 있었으나 간접적인 형태로 장기간에 걸쳐 서서히 나타나는 부정적인 효과에는 큰 관심이 없었다.

장기적이거나 간접적인 기술의 부정적인 측면에 관한 관심이 높아지면서 기술을 보는 인식이 많이 달라지긴 했으나 기술 그 자체를 중시하는 시각은 최근까지도 크게 변하지 않았다. 하지만 지구 곳곳의 생산시설에서 배출되는 오염물질이 더는 다른 나라, 먼 지역에서 일어나는 일이 아니며 선진국이든 세계 어느 곳의 누구든 환경오염의 영향에서 벗어날 수 없게 되면서 사회경제적 관점에서 기술이 미치는 영향 전체를 염두에 둘 수밖에 없었다. 또한 플라스틱이 미세플라스틱이 되어 환경에 악영향을 미치는 사례에서 보듯이 제품의 생산뿐만 아니라 최종 폐기될 때까지 전체 과정이 문제가 되므로 제품의 전주기에 관심을 가질 수밖에 없다.

점진적이고 부분적인 기술 개선의 한계

20세기 후반 환경오염이 심해지고 자원이 점점 부족해지는 것이 문제로 대두되면서 생산기술에 많은 발전이 있었다. 그 결과 생산설비의 에너지 효율이 크게 높아졌고 제품의 재사용이나 재활용 비율이 크게 높아지긴 했으나 원료 생산으로부터 사용 후 최종 폐기 단계까지 전체 과정에서 나타나는 부정적인 영향을 완전히 차단하지는 못하였다. 즉, 기존 기술이 가진 한계를 원천적으로 극복하지는 못했다. 기존 기술을 점진적으로 개선하는 것으로는 부정적인 요소를 완전히 해소하기는 어려우므로 근원적인 솔루션을 제공할 새로운 개념의 기술이 필요하게 되었다.

철강 소재의 경우 고로(高爐)나 전기로 기술을 발전시켜 생산성을 높이는 방법으로 탄소배출을 일부 줄일 수 있었으나 코크스(탄소)를 사용하는 고로나 흑연 전극을 사용하는 전기로와 같이 탄소를 사용하는 기술에서 벗어나지 못해 여전히 탄소를 배출하고 있다. 따라서 수소 환원 제철처럼 공정 자체를 전혀 새로운 공정으로 바꿔야만 문제를 근본적으로 해결할 수 있다. 이런 예는 1차 산업혁명 이후 값싼 자원에 의존해온 기술 대부분에 해당하므로 근본적인 해결책이 될 다른 기술을 찾아야 한다. 이런 부분이 딥테크가 필요한 영역이라고 할 수 있다.[67] 저탄소 실현이나 환경보존과 같은 사회경제적 요구가 새로운 기술영역으로의 전환을 촉진하는 촉매제로 작용하고 있다.

기술의 사회경제적 가치에 주목

기후변화와 같은 글로벌 이슈를 해결하는 데 필요한 기술은 사회경제적으로 중요하긴 하지만, 초기에는 사업성이 좋지 않으므로 개발자나 투자자의 주목을 받기 어렵다. 그런 기술은 장기간에 걸쳐 많은 투자를 한 이후에야 성과를 확인할 수 있으므로 단기간에 큰 실익을 기대하기 어렵다.

최근 기후변화의 영향이 심각한 수준으로 심화하면서 환경을

---

67 주제의 성격으로 보면 딥테크 스타업에 적합하지만 규모의 경제를 무시할 수 없는 특성이 있으므로 중견기업 이상의 기업이 딥테크식으로 접근할 필요가 있다.

중시하는 사회 분위기가 조성되고 가성비 외 다른 가치에도 주목하게 되었다. 제조비용을 줄이기 위한 재활용이 아니라 환경부담을 줄이는 것에 초점을 맞춘 재활용, 값이 비싸더라도 더 친환경적인 제품을 선호하고 탄소배출이 적은 제품을 선택하는 소비자의 인식 변화 등 사회환경의 변화로 그동안 높은 제조비용 때문에 시장에 나올 수 없었던 제품(기술)들이 빛을 볼 수 있게 되었다. 즉 경제적 가치와 함께 사회경제적 가치가 큰 기술에 관심을 두게 되었다. 투자 부문도 이런 기술의 사회경제적 가치가 새로운 비즈니스 모델이 될 수 있음을 인식하고 투자를 확대하고 있다. 이미 기업의 ESG[68] 활동이 투자를 결정하는 새로운 기준이 되고 있다. 각국 정부 또한 이런 기술의 중요성을 인식하고 기술개발 정책과 산업정책을 전환하고 있다.

---

68 ESG: 환경(environment), 사회(social), 지배구조(governance)를 말하며, 기후변화 내지 친환경 패러다임에서 기업을 경영하는 기본적인 원칙을 말한다. 현재 30개 내외의 기업이 ESG 경영을 실행하고 있다.

연구개발 관점에서 본 딥테크 영역

연구개발 관점에서는 딥테크가 부상하게 된 배경을 스토크의 틀 (Stoke's framework)을 써서 설명하기도 한다. 스토크의 틀은 연구가 새로운 지식의 창출을 추구하는지, 지식의 활용을 염두에 두는 것 인지를 기준으로 구조화한 네 개의 영역으로 구성되어 있다. 극단 적으로는 새로운 지식의 습득에만 관심이 있고 그것이 어떻게 활 용될 것인가에는 전혀 관심이 없는 경우와 과학 지식을 활용하지 않고 오로지 시행착오를 통해 축적한 경험만으로 문제를 해결하는 경우가 있다. 전자는 순수 기초연구 영역으로 닐스 보어의 양자 이론 연구가 여기에 해당하며 후자는 순수 응용연구 영역으로 토 머스 에디슨이 수천 번의 실험을 통해 전구를 발명하는 데 성공한 과정이 전형적인 예다. 전자의 동기는 지적 호기심이며 후자의 동 기는 필요(demand), 즉 시장의 수요다. 순수 기초연구와 순수 응용 연구가 교차하는 영역이 연구 결과를 활용할 대상(목적)을 미리 염두에 두고 연구하는, 즉 '활용을 염두에 둔 기초연구 영역'이며 루이 파스퇴르의 백신 연구, 미생물 발효 연구가 대표적인 예다.

처음으로 새로운 현상을 발견했을 때부터 바로 응용분야를 염두에 둔 뢴트겐의 X-선 연구도 여기에 속한다. 뢴트겐은 방출되는 X-선으로 뼈의 모습이 찍힌 사진을 보고 인체를 포함한 물질의 내부구조를 관찰하는 데 쓸 수 있음을 알았으며 결정학, 분광학 등에 쓸 수 있음도 알았다. 그는 이런 용도를 염두에 두고 X-선 연구를 계속하여 학술적으로나 기술적으로 큰 업적을 이루었다.

지금까지 대부분의 스타트업은 자신이 보유하고 있거나 이전받은 기술을 적용할 수 있는 대상을 찾아 사업화하는 것이 일반적이었으나 딥테크 스타트업은 파스퇴르가 전염병을 막기 위해 백신을 개발했던 것처럼 특정 이슈를 해결하기 위해 새로운 과학지식을 적용하는 사업모델을 추구한다. 특정한 이슈(난제)를 해결하기 위해 새로운 과학 지식을 이해하고 공학적으로 실행해 가는 과정을 포함하는 영역이 딥테크 영역이다. 즉, 특정 이슈(해결해야 할 대상)-과학지식-수단(시설)-공학적 실행방법이 딥테크 영역을 정의하는 핵심 요소다. 새로운 과학적 발견을 추구하기보다 이미 있는 새로운 과학 지식을 활용한다는 점에서 전형적인 파스퇴르식 접근과는 약간의 차이가 있다. 즉, $E=mC^2$ 이론을 근거로 하여 원자로나 핵융합로를 설계하고 제작해 에너지 문제를 해결해가는 과정이 딥테크 방식이다.

스토크 관점의 난제 해결 경로

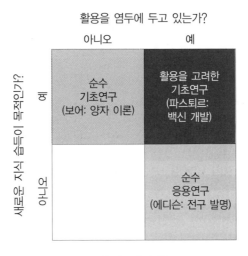

스토크(Stoke)의 연구개발 틀(framework)

탄소배출의 난제를 해결해야 하는 자동차 분야를 예로 들어 딥테크의 개념을 설명해 보자. 자동차 부문이 난제를 해결하는 방안은 네 가지이며 각 방안이 가진 특성은 다음과 같다.

첫째는 현재의 자동차 산업영역 내에서 기존 기술을 활용해 난제를 해결하는 것이다. 자동차 외장용 철판의 강도와 인성을 향상시켜 두께를 얇게 함으로써 얻게 되는 중량 감소가 연비 향상으로 이어지게 하는 방법이다. 엔진 설계를 개선하여 연소 효율을 향상하는 것 역시 같은 방법이다. 점진적인 개선이 이뤄지는 영역으로 탄소배출을 일부 줄일 수는 있지만, 완전히 줄일 수는 없다.

둘째는 자동차에 아직 활용되고 있지 않은 현존 기술을 자동차에 융합해 탄소배출 감축의 난제를 해결하는 것이다. 외장용 철판 소재를 탄소섬유로 강화한 플라스틱과 같은 가벼운 복합소재로 대체해 차체 무게를 획기적으로 줄여 연비를 향상함으로써 탄소배출을 상당히 줄일 수 있다. 자동차가 가진 산업 성격 자체는 그대로 유지하면서 탄소배출을 부분적으로 줄이는 데 이바지한다. 자동차 기술의 기존 플랫폼에 다른 분야에서 활용하고 있는 기술을 채용해 배출되는 탄소를 상당히 줄이는 경우다.

셋째는 현재의 기술에 신기술을 부가해 난제 해결에 필요한 혁신적인 성과를 창출하는 경로다. 기존의 내연기관 자동차에 배터리와 전기모터를 부가(하이브리드화)해 고속 주행 시에는 엔진을 가동해 배터리를 충전하고, 저속 주행 시에는 엔진을 끄고 배터리로 모터를 구동해 자동차를 움직인다. 엔진(내연기관)은 그대로 둔 채 배터리와 모터를 추가해 주행 중에 발생하는 전기를 저장했다가 동력으로 사용한다. 하이브리드 자동차는 연비가 좋으므로 탄소배출을 상당히 줄일 수 있다. 하이브리드화는 자동차 영역에서는 신기술에 해당한다. 이제껏 사용하지 않았던 신기술인 배터리와 모터 모듈을 부가하긴 했으나 이 역시 자동차의 기본 플랫폼인 엔진은 그대로 둔 채 난제를 부분적으로 해결하는 것이며 근본적으로 난제를 해결한 것은 아니다.

넷째는 현재와는 전혀 다른 새로운 기술이나 플랫폼을 도입하여 난제를 근본적으로 해결하는 경로다. 내연기관 엔진이 아예 없는 새로운 플랫폼 기술인 전기 자동차를 만들어 탄소를 전혀 배출하지 않는 모빌리티(목적에 해당)를 구현함으로써 탄소배출의 난제를 근본적으로 해결하는 것이다. 탈것(모빌리티)이라는 목적은 같지만, 내연기관 엔진이 아예 없는 전혀 다른 플랫폼을 구축함으로써 모빌리티 영역에 파괴적, 혁명적 변화를 불러오는 것이다. 더 나아가 전기모터로 바퀴를 굴리는 대신 프로펠러를 돌리면 자동차 기술의 플랫폼을 완전히 벗어난 도심 항공 이동 수단(UAM)이 된다.

점진적인 혁신이 이뤄지는 단계에서 딥테크 혁신으로 곧바로 진행하여 사회경제적 난제를 해결하는 파괴적인 경우는 드물고 새로운 지식을 적용하고 생태계를 확장하는 영역을 넘나들면서 딥테크 영역으로 진입한다. 이때 거치는 중간 영역은 궁극적인 목표를 달성하기 위해 거쳐 가는 여러 경로 중의 하나다.

딥테크에 관심을 가져야 하는 이유는 현재의 글로벌 이슈나 사회경제적 난제를 해결하는 것뿐만 아니라 딥테크가 미래 사회 전반에 미치게 될 영향이 매우 크기 때문이다. 멀게 느껴졌던 전기 자동차 시대를 당연한 현실로 만들어버린 테슬라의 전기자동차나 소수의 국가가 독점하고 있던 우주개발 사업을 민간영역의 사업으로 바꿔버린 스페이스X의 사례처럼 파괴적인 딥테크 혁신이 계속 나타나게 될 것이므로 딥테크가 인터넷이 세상을 바꾼 정도의 큰 변화를 가져올 것으로 예측하기도 한다.

5장

딥테크의 성장과
딥테크가 필요한 영역

DEEP TECH

딥테크가 성장하는 환경

앞서 언급한 것처럼 지금까지 범용기술이나 지수기술, 수권기술 등 산업의 대전환을 불러온 기술이 연이어 나타났었다. 기술마다 당시의 시대 환경이 조금씩 다르긴 했지만 그런 기술도 초기에는 딥테크와 유사한 성격을 갖고 있었다. 신기술을 채택하는 것에 대해 사회적으로 거부감이 있었으며 신기술을 수용할만한 환경(인프라)이 성숙하지 않아 자리 잡는 데 긴 시간이 필요했다. 다만 특별했던 기술이 혁신(진화)을 거듭해 보편적인 기술이 되어버린 탓에 현재는 딥테크로서의 성격이 두드러져 보이지 않을 뿐이다. 같은 맥락에서 딥테크 역시 '지금' 시점에서의 이슈라고 할 수 있다. 바꾸어 말하면 앞으로 소개하게 될 딥테크도 언젠가는 보편적인 일반기술이 되겠지만 현재 시점에서는 특별한 기술로서의 의미가 있으며 현재 시점의 특별한 환경이 딥테크가 등장하고 성장하는 배경이다. 여기서는 그 배경을 몇 가지로 정리하였다.

새로운 플랫폼 기술의 등장

새로운 플랫폼 기술의 부상(浮上)이다. 1960~1980년대 실리콘 칩 및 데스크톱 컴퓨터, 1980~2000년대 인터넷, 2000년대 이후의 모바일 기술처럼 소프트웨어(머신러닝), 하드웨어(양자컴퓨팅), 합성생물학(유전자 시퀀싱, 유전자 가위(CRISPR-Cas9)) 등 대단히 큰 파급효과를 불러올 것으로 예상되는 새로운 플랫폼 기술이 등장해 새로운 산업을 형성해 가고 있다. 또한 이런 플랫폼 기술은 그들 간 융합 혹은 기존 플랫폼과 융합해 산업적 잠재력을 더욱 키움으로써 새로운 패러다임을 끌고 가는 엔진이 되어가고 있다.

낮아진 신기술 진입 장벽

새로운 플랫폼 기술의 발전으로 새로운 기술이 빠르게 성숙되고 개발비용이 줄어듦에 따라 시장에 접근하기 위해 넘어야 할 장벽이 크게 낮아졌다. 새로운 기술이 또 다른 기술을 낳고 기술 축적이 가속됨에 따라 혁신적인 기업이 풍부하게 축적된 기술 기반을 쉽게 이용할 수 있게 되었다. 특히 디지털 기술의 발전에 힘입어 클라우드 기반이 발전하면서 연산 능력이 향상되고 연산 비용이 크게 낮아져 컴퓨터 지원 설계(CAD), 컴퓨터 지원 제조(CAM), 3D 프린팅 등의 기술을 적은 비용으로 이용할 수 있게 되어 제조 산업에 혁명적인 변화를 가져왔다. 짧은 기간 내에 저렴한 비용으로 시제품을 개발함에 따라 혁신적인 아이디어가 신제품으로 신속하게 연결될 수 있었다. 바이오 기술에서는 DNA 시퀀싱(유전자 분석)이나 합성이 쉬워지고 비용이 낮아짐에 따라 DNA 분석이 표준 서비스로 자리 잡았다.

정부는 기업활동을 제한하는 규제를 축소하거나 철폐해 쉽게 창업할 수 있게 하였다. 또한 첨단장비를 적은 비용으로 사용하고 고급정보에 쉽게 접근할 수 있도록 첨단 인프라를 제공해 새로운 과학기술의 신속한 사업화를 지원하고 있다.

혁신의 가속

비즈니스 영역이 더욱 빠르게 분화됨에 따라 혁신 수요가 다양해졌다. 과거 어느 때보다 혁신이 더욱 빠르게 진행되고 있고 혁신 장벽이 낮아짐에 따라 많은 신생기업이 탄생하고 혁신적인 성과를 창출해내고 있다. 예를 들어, AI의 경우 2021년 기준 48개국 401개 도시에서 1,300개 이상의 기업을 찾아볼 수 있다. 대기업은 사내벤처(CVC)나 외부 벤처 기구를 통해 신기술에 다양하게 접근하고 있다. CVC에 투자하고 있는 개인 벤처투자기업이 2015년 161개에서 2018년 203개로 늘어났으며 같은 기간 동안 투자 금액도 32억 달러에서 57억 달러로 늘어났다. 이런 분화의 결과로 지식, 스킬, 정보가 지리적으로, 산업적으로, 기능적으로 분산되었으며 기업이나 개발자(연구자)가 여러 가지 일을 단독으로 추진하는 것이 효율적일 수 없게 되었다. 따라서 기초연구에서 사업화까지 전 영역에 걸쳐 다양한 주체가 서로 협력하는 모델이 등장하였다.

축적된 투자자본

정보통신(IT) 산업의 급속한 발전으로 자본 축적 규모가 커지고 새로운 투자처를 기다리는 보유 현금[69]의 규모가 커졌다. 투자할 자본에 여유가 생기면서 자본이 위험도가 낮은 비교적 안정한 투자 영역으로부터 고위험 고수익 투자 영역으로 이동하였으며 그 결과 자본을 유치하기가 쉬워졌고 유망한 스타트업에 수십억 달러가 몰리는 현상이 발생하였다. 또한 그동안 전례 없이 낮았던 이자율도 투자를 촉진하는 데 한몫하였다.

정부의 역할 변화

대학과 민간의 기술개발 역량이 높아지면서 정부의 신기술 연구개발 지원 정책이 달라지고 있다. 미국 정부의 GDP 대비 연구개발 지출 비율은 1976년 1.2%에서 2018년 약 0.7%로 낮아졌으며[70] 그 공백을 산업계의 투자가 채우고 있다. 미국 정부는 R&D

---

69 'Dry powder'라고 하며 2020년 말 기준 1조 9천억 달러 규모로 추산된다. 그 중 1조 1천억 달러가 민간 자산으로 벤처캐피털(약 3천억 달러), 성장자본(약 2천 5백억 달러)보다 월등히 많은 자산을 민간부문이 보유하고 있다.
70 UNESCO(2020년) 보고서에는 각국의 GDP 대비 총 투자 중 미국 2.7%, 중국 2.1%, EU 2.0%로 나타나 있다.

전반에 선도적인 역할을 하다가 신기술 성장 초기 수요자 역할로 전환하였다. 한편 중국은 지난 20년 동안 R&D 투자 규모를 4배 이상 늘려 연간 4,000억 달러를 넘어섰으며 유럽과 미국의 투자 규모에 접근하였고 2050년까지 거대 혁신 국가에 진입하는 것을 목표로 하고 있다. EU는 2014년부터 회원국들이 GDP의 3%(정부 1%, 민간 2%)를 연구개발에 투자하는 것을 골자로 하는 호라이즌 2020(Horizon 2020)을 추진하고 있다. 과학 분야에서 유럽의 위치를 강화하고, 산업혁신을 지원하며, 주요 사회적 문제해결을 지원하는 것을 목적으로 약 800억 유로를 조성하였다. EU를 제외한 국가들이 연구개발 투자에서 딥테크를 직접 거론하고 있지 않으나 국가 목표나 사회경제 문제해결 등의 이슈 형태로 딥테크 개발을 정책화하고 있다.

위기는 곧 새로운 사업 기회

딥테크적 접근이 필요한 사회경제 난제가 차례로 드러나면서 모험적인 과학자나 창업가(기업)는 이런 난제를 피하지 않고 오히려 도전의 기회로 생각하게 되었다. 한편 많은 소비자(고객)와 근로자가 사회적으로 그리고 환경적으로 책임 있는 기업들이 성장하기를 고대하고 있는 분위기가 확산되고 있다. 기후변화의 속도를 완화하는 일이나 80억 명의 인구를 부양하는 일, 고령인구의 건강을 보호하는 일 등이 해결해야 할 심각한 난제이며, 이런 영역이 투자가나 기업이 도전해야 할 미래의 거대 시장이고 그런 비즈니스 기업을 사회가 주목하고 있다. 딥테크는 사회경제적 난제를 해결하는 솔루션일 뿐 아니라 대형 비즈니스가 될 것이므로 사회적 관심이 집중되고 있다. 딥테크는 식품, 공업제품, 에너지를 생산하는 방식을 근본적으로 바꾸게 될 것이며 지속 가능한 산업 발전으로 유도할 잠재력이 있다. 도전적인 딥테크 스타트업은 이런 잠재력을 새로운 산업으로 만들어갈 것이며, 저탄소 제품과 환경친화적인 제품을 선호하는 의식 있는 소비문화가 더해져 딥테크 스타트업이 성장하는 토양이 될 것이다.

딥테크가 발전하는 과정

딥테크를 전망할 때 가장 크게 관심을 두게 되는 부분은 딥테크가 새로운 대세, 즉 새로운 패러다임으로 자리 잡게 되느냐다. 결론부터 얘기하면 딥테크 패러다임이 새로운 대세가 될 것은 자명하다. 그 이유는 인류가 집단자살 혹은 집단 자멸로 가는 길을 선택하지 않을 것이며 그렇게 되지 않기 위해 상당한 대가를 치르더라도 새로운 패러다임을 만들어갈 것이기 때문이다.

딥테크 패러다임이 형성되어 가는 과정은 다음 그림으로 설명할 수 있다. 딥테크 산업(제품)이 글로벌 이슈를 해결하는 것이 아무리 긴요하다 하더라도 시장경제 체제로 정착되기 위해 갖추어야 할 조건, 즉 수요-공급의 합리적인 관계를 충족시키지 못하면 지속 가능한 패러다임으로 자리 잡을 수 없다. 생산자와 소비자가 모두 만족할 수 있는 타협점이 있어야 한다.[71] 이른바 가성비가 충족되는 점이 있어야 한다. 이때의 가격은 전통적인 가격 결정 요

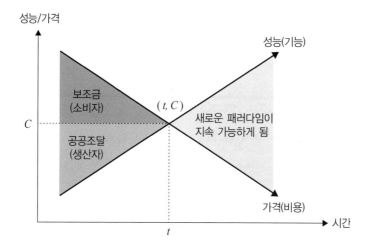

딥테크가 발전해가는 과정

소에 탄소세, 환경비용 등을 더한 통합 가격이다.

처음에는 비쌌던 가격이 시간이 지나면서 점차 낮아지고 제품 성능은 점차 향상된다. 그림에서 가격이 감소하는 선과 성능이 향상되는 선이 만나는 점(t, C)이 생산자와 소비자가 서로 타협하는 접점이다. 시점 t 이전에는 제품 성능과 비교해 가격이 비싸다. 소비자는 성능이 기대에 미치지 못하는 제품을 비싼 가격으로 사야 하므로 만족하기 어렵다. 제품 가격이 글로벌 이슈를 해결하는 데 이바지하는 것에 동의하더라도 소비자가 경제적으로 감수할 수

---

71 시장 메커니즘에서, 생산자가 취할 수 있는 이익이 줄어들고 소비자가 지불해야 하는 지출은 늘어나는 시장 환경에서 생산자와 소비자가 줄어드는 이익과 늘어나는 지출을 감수하고 서로 만족하는 접점을 말한다.

있는 수준을 넘어서거나 생산비용이 판매가를 넘어선다면 생산자나 소비자 모두 만족하지 못하므로 그런 제품은 시장에서 살아남을 수 없다.

그럼에도 불구하고 기후변화에 대응하거나 오염된 환경을 복구하는 등 공공적인 필요 때문에 제품을 생산해야 한다면 비싼 제품을 구매해야 하는 소비자에게 구매비용 일부를 보조하거나 생산자에게 손해를 보는 생산 비용의 일부를 지원해주어야 한다. 비싼 딥테크 제품을 자발적으로 소비할 대상이 민간부문에 없을 때는 정부가 공공조달 기능을 활용해 구매하여야 한다. 그렇게 하지 않으면 해당 딥테크 스타트업은 문을 닫게 되고 유망한 기술 하나가 사라진다. 정부가 생산 비용 일부를 보전해주거나 직접 구매하는 경우 모두 정부의 재정이 투입되는 것이므로 딥테크 육성을 지원하는 것에 대한 사회적 동의가 필요하다. 다행히 사회경제적 환경 변화와 소비자의 인식 변화로 예전보다 동의를 구하기가 쉬워졌다.

정부의 지원을 받아 제품을 생산하는 동안 생산자는 성능을 개선하는 동시에 원가를 절감하는 혁신을 지속해 t 시점 이후에는 소비자가 보조금 없이도 자발적으로 구매할 수 있는 수준의 가격과 성능을 충족하게 되므로 생산자도 스스로 이윤을 창출할 수 있게 된다. 따라서 t 시점 이후에는 수요-공급 간 시장 메커니즘이 작동하므로 지속 가능한 새로운 패러다임이 자리 잡는다. 딥테크 영역이 추구하는 주요 이슈가 기후변화에 관련된 글로벌 난제를 해결하는 것이므로 기후변화 대응 추세를 고려하면 시점 t는 대략 2030년과 2050년 사이가 될 것으로 보인다.[72]

그림과 같은 관계는 신제품 개발에서 일반적으로 적용될 수 있는 논리와 크게 다르지 않아 보이지만, 딥테크에서는 가격(비용)의 기준이 이전과 다르므로 시장에서 살아남을 수 있게 되는 시점(t) 이전의 공간에서 성능과 가격 간의 괴리가 대단히 크고 이 괴리를 좁히는 데 매우 긴 기간이 소요되므로 실제로는 큰 차이가 있다. 이 영역에서는 민간의 투자가 유입되기 힘들며 국가가 반드시 육성하거나 개발해야 하는 기술 혹은 제품이므로 단순히 시장 기능에 맡겨서는 성장하기 어렵고 경제성을 갖추게 되는 시점까지 정부가 선도해가는 과정이 필요하다. 특히 정부가 조달기능을 활용하여 딥테크 스타트업이 시장에 진출할 기회를 부여하는 것이 매우 중요하다.

---

72 국가 탄소 감축 목표(NDC) 시점인 2030년과 넷제로(net-zero; 1.5℃ 목표) 달성 시점인 2050년 사이를 딥테크 패러다임이 정착되는 시기로 본 것이다.

딥테크가 필요한 영역

기술혁신이 일상화[73]되면서 아이러니하게도 그동안 지속적인 품질 개선이나 생산성 향상에 크게 이바지해온 낮은 수준의 기술혁신이나 경제적 효과가 크지 않은 소규모 혁신이 설 자리가 상당히 좁아졌다. 시장에서 제품의 수명주기가 극단적으로 짧아짐에 따라 신제품 개발에 필요한 신기술 수요는 급격히 늘고 있으나 신기술이 채택되기 위해서는 완전히 새로운 기능을 제공하거나 기존 기술을 대체해서 비용을 획기적으로 줄일 수 있어야만 한다. 그런 혁신적인 기술을 단기간에 개발하는 데 들어가는 비용은 점

---

73 기술혁신이 일상화되면서 신기술이 시장에 진입할 때 넘어야 하는 장벽이 크게 낮아졌다. ① 혁신에 필요한 수단이 다양해지고 수준이 높아짐에 따라 누구나 쉽게 혁신기술에 접근할 수 있게 되었고 ② 제품을 설계할 때나 신기술을 개발하는 데 필수 수단이 된 고성능 컴퓨팅을 값싸게 사용할 수 있게 되었으며 ③ 3D 프린팅 등 새로운 플랫폼 기술의 등장으로 디자인의 한계를 극복하고 제조공정의 선택폭이 크게 넓어졌다. 특히 ④ 나노기술, 계산재료과학 등의 발전으로 신소재의 개발이 가속되어 새로운 시장요구를 창출할 수 있게 되었다.

점 커지는 반면 혁신으로 얻을 수 있는 효과는 점점 작아지고 있다. 따라서 작은 효과를 얻기 위해 비용이 많이 드는 신기술을 채택하는 모험을 감수하지 않으려는 경향이 점점 강해지고 있다. 신기술을 채택했을 때 기대치보다 적어도 '10배 이상의 확실한 파급 효과($\times 10$ confidence)'를 기대할 수 있어야 관심을 끌 수 있다.

기존 기술을 단순히 개량하거나 조합하는 것으로 큰 혁신을 창출하기에는 한계가 있으므로 점점 새로운 과학기술에 주목하게 되지만 새로운 과학기술이 산업적 파급효과를 나타내기까지는 긴 시간이 필요하고 비용이 많이 드는 데다가 성공할 가능성이 크지 않다는 문제가 있다. 따라서 딥테크는 일반 산업영역보다는 에너지 문제 해결이나 건강한 먹거리 확보, 획기적인 탄소배출 축소, 새로운 전염병에 대한 긴급 대응 등과 같이 신기술을 채택하여 큰 파급효과를 얻을 수 있어서 과학기술의 위험을 감수할 수 있는 영역에 집중되고 있다.

주요 영역의 탄소배출 동향

딥테크가 출현하게 된 직접적인 배경이라고 할 수 있는 기후변화와 관련이 있는 몇몇 영역의 탄소배출 동향을 살펴보자. 2019년 탄소를 가장 많이 배출한 영역은 72%를 차지한 에너지 영역이며, 세부적으로 전기 및 열(31%), 수송(15%), 제조 및 건설(12.4%), 기타 연소(8.4%), 비산 방출(5.2%) 순으로 구성되어 있다. 에너지 외 영역에 있는 산업 공정(6%)과 제조 및 건설 영역을 합치면 소재 관련 영역이 배출하는 탄소가 18% 이상을 차지한다. 즉, 소재 영역은 전체 탄소배출의 약 6분의 1을 차지한다. 따라서 탄소배출 관점에서 전기 및 열, 소재, 수송 영역이 딥테크가 도전해야 할 우선 대상이 된다. 주요 영역별로 딥테크가 필요해진 배경과 동향을 살펴본다.

전기(발전)

전기는 2차 산업혁명 이후 가장 보편적으로 사용하고 있는 에너지 형태다. 대부분의 전기는 화석연료를 연소시켜 나오는 열을 이용해 생산하며 이때 많은 양의 탄소가 배출되므로 전체 탄소배출의 30% 이상을 발전이 차지한다. 화석연료를 이용한 발전 대신 신재생에너지로 전력 수요에 대응하려 하지만 신재생에너지 자원은 지역적으로 골고루 분포되어 있지 않은데다가 시시각각 변하는 큰 변동성을 갖고 있어 안정적인 공급 수단을 확보해야 하는 이슈가 있다. 최근 에너지 저장 시스템(ESS) 기술이 빠르게 발전하고 있어 신재생에너지를 수용할 수 있는 조건이 개선되고 있으나 전체 에너지에서 신재생에너지가 차지하는 비중이 아직은 크지 않다.

화석연료의 연소열 대신 원자핵이 분열할 때 발생하는 열에너지를 이용하는 원자력 발전소[74]는 2017년 세계적으로 약 450개가 있으며 전체 발전량의 약 6%를 차지하고 있다.[75] 탄소를 거의 배

---

74 핵분열(nuclear fission)을 이용한 발전소를 말한다. 핵분열 방식을 이용한 전력 생산은 1948년 9월 미국 테네시주 오크리지에 설치된 X-10 흑연원자로에서 전구의 불을 밝히는 데에서 시작되었다. 그리고 1954년 6월에 구소련의 오브닌스크에 건설된 흑연감속 비등경수 압력관형 원자로 발전소는 세계 최초로 대규모 전력 생산을 목적으로 하는 원자력 발전소로 지어졌으며, 최초의 상업용 원자로(Magnox reactor)는 영국 셀라필드 원자력 단지에 위치한 콜더 홀(Calder Hall) 원자력 발전소로, 1956년 10월 17일 상업 운전을 시작하였다.

75 원자력 발전의 비중이 가장 큰 나라는 프랑스(약 70%)이다. 우리나라도 원자력 발전 비중이 30%까지 올라간 적이 있었으며 낮아졌다가 2022년 다시 30%대로 회복되었다.

출하지 않는 장점이 있음에도 사고가 발생하면 큰 피해가 생길 수 있다는 우려 때문에 사회의 수용성이 떨어진다. 얼마 전까지 녹색기술 분류체계에 원자력을 포함시킬 것인지를 놓고 논란이 있었으나 러시아-우크라이나 전쟁의 여파로 유럽이 에너지 위기에 빠지면서 최종적으로 녹색기술에 포함되었다. 최근 원자력 발전에 대한 관심이 국제적으로 다시 높아지고 있다.

원자력 발전은 탈탄소 움직임에 대응할 수 있는 효과적이고 현실적인 대안이지만 안전에 대한 우려를 해결해야 하는 근본적인 숙제를 안고 있다. 안전 문제를 안고 있는 핵분열 방식(nuclear fission) 대신 안전 문제가 거의 없는 핵융합 방식(nuclear fusion)을 실용화할 수 있다면 태양 에너지와 같은 깨끗한 에너지를 얻게 되므로 탄소배출의 난제를 해결하고 에너지 문제를 원천적으로 해결할 수 있게 될 것이다. 1950년대부터 핵물리학 분야의 꿈이었던 핵융합을 이용한 원자력 발전이 에너지 부문의 솔루션이 될 수 있다. 핵융합의 원료로 삼중수소(Trium)나 중수소(Duterium)와 헬륨-3[76]을 사용하므로 방사성 물질의 누출로 인한 오염을 걱정하지 않아도 된다. 2007년부터 수행되고 있는 ITER 사업[77]이 핵융

---

76 삼중수소나 중수소는 바닷물에서 추출해 사용할 수 있다. 헬륨-3는 대기 중에 0.01ppm이 존재하며 달의 토양에 다량 포함되어 있다.

77 ITER(International Thermonuclear Experimental Reactor, 국제열핵융합실험로): 1985년 미국과 소련의 합의로 시작됐으며 2007년 설립되었다. 프랑스의 카다라슈에 건설되고 있으며 2025년 완공 예정이다. 완전한 핵융합 발전은 2035년에 시작할 계획이다. 미국, 러시아, EU, 일본, 한국, 중국, 인도가 참여하고 있다.

합을 실용화하기 위한 국제적인 노력 중의 하나다.

전기를 무제한으로 사용할 수 있을 만큼 많은 전기를 친환경적으로 생산하지 않은 이상 생산된 전기를 효율적으로 사용하는 것, 즉 전기 사용 시 손실을 줄이는 것이 우선적인 목표가 되어야 한다. 이는 실제 발전량을 줄이는 효과가 있으므로 탄소배출을 줄이는 것과 같은 효과가 있다. 송전 손실을 줄이는 초전도 케이블용 전기저항 '0(zero)'인 초전도 선재 기술, 전기차의 효율을 높이는 모터용 고성능 영구자석 기술, 안전하고 수명이 긴 대용량 이차전지 기술, 저비용 수소제조를 위한 전기분해용 고효율 전극소재 등 산업현장 전반에 활용 가능한 유망한 첨단소재 기술이 주목받고 있다.

화석연료를 사용하지 않고 대량의 전기를 안정적으로 생산하는 현실적인 방법을 찾는 것이 탈탄소의 가장 중요한 목표가 되었다. 에너지 수송체[78]인 수소는 산소와 결합하면서 전기나 높은 열에너지를 발생하고 순수한 물을 남기는 청정에너지다. 수소는 물을 구성하는 주성분으로 풍부한 자원이지만 연료로 사용할 수소를 얻기 위해 아직은 석유 계열의 탄화수소를 분해하거나 물을 전기 분해하여 만들어야 하는데 이 과정에 많은 양의 에너지를 투입해야 하므로 탄소배출을 크게 줄이지는 못한다. 따라서 광촉매를 써서

---

78 수소는 물, 유기물, 화석연료 등의 화합물 형태로 존재하는 수소를 분리하여 생산한다. 갈탄·석유·천연가스 등 채굴 가능한 1차 에너지와 태양광·풍력 등 신재생에너지로부터 생산해야 하는 에너지 수송체(energy-carrier)이다.

태양 에너지를 이용해 물을 직접 분해하거나 신재생에너지 혹은 원자력 발전에서 얻은 잉여 전기로 물을 분해해 수소를 얻어야 한다. 소형 모듈 원자로(SMR)를 이용해 물을 직접 분해하는 방법이 주목을 받고 있다. 이른바 그린(green) 수소가 주목받고 있다. 탄소 배출 없이 수소를 대량으로 제조할 수 있게 되면 수소 환원 제철, 이산화탄소 자원화, 연료전지 자동차의 대중화, 연료전지 발전 등이 가능해지므로 수소 경제에 더욱 접근할 수 있다.

소재

철강이나 시멘트와 같이 대량으로 값싸게 사용할 수 있는 기반 소재가 없었다면 현재의 물질문명은 아마도 없을 것이다. 소재 산업은 1995년 전체 탄소배출 35Gt(기가톤) 중 15%인 5Gt을 배출하였으며 2015년에는 전체 49Gt 중 23%인 11.5Gt을 배출하였다. 철강, 알루미늄, 기타 금속 산업이 4.8Gt, 시멘트, 석회석, 비금속 광물 산업이 4.4Gt을 배출해 배출탄소의 대부분을 차지하였다. 1995년과 2015년 사이 20년 동안 전체 탄소배출 규모가 40% 늘어나는 동안에 소재 부문의 탄소배출은 130%가 늘어나 이 부문의 탄소배출을 줄이는 것이 기후변화 대응의 중요한 과제가 되었다. 소재는 사회 인프라는 물론 대부분의 공업제품과 직접 관련돼있으므로 생산을 갑자기 줄이거나 소비를 금지하기는 어렵다. 생산 규모를 크게 줄이지 않으면서도 탄소를 적게 배출하는 소재 기술이 개발되어야 한다. 수소 환원 제철, 친환경 시멘트 등이 주목받고 있는 이유다. 향후 첨단소재 개발이 탄소배출을 줄이는 데 초점을 맞추게 될 것이므로 첨단소재를 딥테크로 분류하고 있다.

철강이나 시멘트 외에도 탄소배출을 줄여야 하는 소재 제조공정은 많이 있다. 세계적으로 많은 양이 사용되고 있는 화학물질인 암모니아도 환경친화적인 제조공정 개발이 필요한 소재다.

제철 및 제강

탄소강, 스테인리스강 등을 포함한 조강 생산량은 2019년 18억 6,900만 톤이었다. 이 중 70%는 철광석으로부터 만든 1차 생산이었으며 나머지 30%는 스크랩을 재활용해 만든 2차 생산이었다. 이때 사용한 에너지는 8억 4,500백만 환산 톤(t_{oe}) 규모였으며, 이는 전체 에너지 사용량의 8%, 전체 산업에서 사용한 에너지의 20%에 해당한다. 에너지 자원별로는 세계 석탄 수요의 15%, 천연가스 수요의 2.5%, 전기 수요의 5.5%를 사용하였다. 이런 결과로 철강 부문에서 2.6Gt의 탄소를 직접 배출하고 1.1Gt의 탄소를 간접 배출함으로써 철강 산업은 세계 전체 탄소배출의 7~9%를 차지하였다.[77]

---

77 Manuel Bailera 외 3인: A review on CO_2 mitigation in the iron and steel industry through power to X processes, Journal of CO_2 Utilization, 46, 101456 (2021).

암모니아는 하나의 질소 원자와 세 개의 수소 원자가 결합된 화학물질 (NH_3)로서 1916년 인공적으로 합성[78]하는 데 성공하였으며 100년이 지난 지금까지 거의 같은 방법으로 제조되고 있다. 2019년 세계에서 2억 3천 5백만 톤을 제조하였으며 이 중 90% 이상이 많은 양의 화석연료를 사용하는 하버-보슈법으로 제조되었다. 세계에서 생산되는 천연가스의 약 3~5%가 암모니아 제조에 사용되며 이는 전체 에너지 소비의 1~2%에 해당하는 양이다. 암모니아는 화학제품의 원료로 사용되기도 하지만 대부분이 질소 비료의 주성분인 요소를 제조하는 데 쓰인다. 2055년 세계 인구는 90억 명 이상이 될 것으로 예상되고, 많은 인구를 부양하는 데 필요한 식량 생산의 40~60%가 질소 비료에 의존하고 있으므로 암모니아의 생산 규모를 당장 줄이기는 매우 어렵다. 최근 암모니아는 수소저장(화학저장) 물질로도 주목받고 있어서 향후 암모니아 수요가 더욱 늘어날 전망이며 탄소배출을 줄인 그린 암모니아 제조에 관한 관심이 높아지고 있다.[79]

인프라

탄소배출을 줄이는 방법은 제조산업을 혁신하는 직접적인 방법 외에 간접적인 방법도 있을 수 있다. 수송 분야는 제조업 못지않게 탄소를 많이 배출하는 영역이며 전체 탄소의 약 15%를 배출한

---

78 하버-보슈법(Harber-Bosch process)이라고 한다.
79 암모니아는 압축하면 쉽게 액체가 되므로 많은 양을 수송할 수 있다. 비교적 낮은 온도에서 질소와 수소로 분해되며 암모니아 가스량의 1.5배에 해당하는 수소 가스가 만들어진다.

다. 사람뿐만 아니라 물류의 이동이 세계에 거미줄처럼 얽혀 있으므로 물류가 최적화되지 않으면 많은 낭비, 즉 탄소배출이 늘어나게 된다. 빅데이터나 AI를 이용해 물류를 최적화하는 것만으로도 탄소배출을 상당히 줄일 수 있다.

원거리를 이동하는 인구가 늘어남에 따라 증가한 항공 수요로 제트연료의 연소로 발생하는 탄소가 상당한 수준에 도달했다. 최근 프랑스는 제트연료가 연소하면서 배출하는 탄소를 줄이기 위해 비행시간 두 시간 반 이내의 거리는 항공기 운항을 제한하는 규정을 도입하였다. 제트연료를 바이오 연료나 수소 등 친환경 연료로 대체하거나 전기를 동력으로 하는 항공기를 개발하고 있다. 이런 기술이 상업화되면 운항 거리 제한은 사라질 것이다. 역설적으로 탄소배출을 줄이기 위해 운항 거리를 제한하는 조치는 탄소배출을 획기적으로 줄인 단거리 항공기 개발을 촉진할 것이며 도심 항공 모빌리티(UAM) 수요와 맞물려 더욱 탄력을 받게 될 전망이다.

탄소배출과 관련된 사회적 인프라인 제도(규정)나 물리적 에너지 인프라의 변화는 딥테크 발전에 중요한 기반을 제공한다. 탄소 국경세 부과, 저탄소 기술로의 전환 지원, 저탄소 제품의 조달 구매, 신재생에너지 발전 지원 등이 딥테크 발전에 영향을 미치는 것은 물론 지리적 환경도 큰 영향을 미친다. 수력 및 풍력 발전으로 전기가 풍부한 스웨덴에서는 전기자동차의 보급에 유리한 환경을 갖고 있으므로 2022년 출고된 신차 중 85%가 전기자동차였다.

기타

딥테크는 기후변화 속도를 완화하기 위해 탄소배출을 축소하는 영역 외에도 환경오염 방지 혹은 오염된 환경의 복원, 식량자원의 안정적 확보, 미래 삶의 질 개선(웰빙) 등 여러 영역에 돌파 혁명을 불러올 것이다.

플라스틱[82]은 20세기 인류의 가장 위대한 발명품 중의 하나였다. 2019년 한 해 동안에만 해도 4억 6,000만 톤이 생산되어 일상생활에 폭넓게 쓰이고 있다. 플라스틱은 2019년 3억 5,300만 톤의 폐기물을 발생시켰으며 재활용률이 약 9%에 불과해 심각한 환경오염을 일으키고 있다. 그런 플라스틱이 분해되어 생기는 미세플라스틱이 이미 해양은 물론 하천과 호수, 지하수, 토양을 오염시키고 있다. 해양생물은 이미 피해를 보고 있으며 먹이사슬을 타고 인체에 들어와 건강을 위협하는 단계에 이르렀다. 지구 생태계 전체가 미세플라스틱이 초래하는 위험에 노출돼 있다. 이에 따라 환경친화 생분해성 플라스틱과 같은 첨단 플라스틱 소재의 개발이 활발하며, 합성생물학 기술을 이용해 플라스틱을 분해하는 세균을 개발하고 있다.

식량 생산을 늘리기 위해 사용하는 질소 비료 수요가 점점 늘고

---

80 최초의 플라스틱은 1907년 벨기에 태생의 미국인 레오 베이클랜드(Leo Hendrik Baekeland, 1863~1944)가 발명한 베이클라이트다. 베이클라이트의 원료가 되는 합성수지는 1800년대 후반에 이미 제조되고 있었다.

있다. 질소 비료 생산에 필요한 암모니아를 탄소배출이 적은 친환경 공정으로 제조해야 할 필요는 앞에서 설명한 바 있다. 현재 사용하고 있는 질소 비료는 대부분 토양에 과잉으로 뿌려져 토양을 오염시킴은 물론 남은 성분이 하천으로 유출되어 부영양화하고 녹조를 발생시키는 등의 문제를 일으키고 있다. 농작물이 필요로 하는 양만큼의 질소 성분을 끌어내 쓸 수 있는 새로운 개념의 친환경 질소 비료 기술이 필요하다.

AI는 이미 첨단기술의 총아가 되었으며 향후 AI가 문명에 지대한 영향을 미칠 것으로 예상하고 있다. AI 기술은 몇 차례의 굴곡을[83] 거쳐 성장기에 접어들었으나 산업 측면에서는 아직 초기로 볼 수 있으며 딥테크로 분류될 만큼 대단히 큰 잠재력을 가진 기술로 볼 수 있다. 최근 선진국 간 기술개발 경쟁이 치열한 양자 기술 역시 대단히 큰 파급효과를 가져올 것으로 예상한다. 양자 기술은 태동기를 거치고 있는 기술에 해당하며 곧 성장기에 접어들고 빠른 성장을 이어갈 것으로 예측된다. 또한 AI와 양자기술이 서로 융합해 상승적으로 작용함으로써 폭발적인 성장을 보일 것으로 예상한다. AI와 양자 기술은 긍정적인 측면과 함께 부정적인 측면도 만만치 않아 여러 의미에서 주목해야 한다.

인공위성을 이용해 기후변화나 농작물의 작황을 모니터링할 수

---

83 적어도 두 번의 침체기(AI winter)(1974~1980년, 1987~1993년)가 있었으며 여러 차례 작은 굴곡이 있었다.

있고 산불을 감시하여 대형 재해를 막고 탄소배출을 줄일 수 있다. 급성장하고 있는 민간 우주산업은 탄소배출을 줄이는 든든한 기반이 될 것이다. 첨단 모빌리티나 로봇, 드론 등의 신기술도 탄소배출을 줄이는 데 큰 역할을 할 수 있다. 즉, 독자적으로 발전해 온 기술이나 신산업이 지속 가능한 발전을 지향하는 방향, 성장과 지속 가능성을 동시에 충족하는 방향으로 재정렬되어 갈 것이다.

6장 :

딥테크 현황

DEEP TECH

투자 현황

최근 딥테크 스타트업에 대한 투자가 세계적으로 급격히 확대되고 있다. 딥테크 영역에 대한 투자는 2016년부터 2020년까지 5년 동안 150억 달러에서 620억 달러로 4배 증가하였으며 연평균 42.6% 성장하였다.[84] 같은 기간 전체 투자 중 민간부문의 투자 규모가 51억 달러에서 183억 달러로 3.6배 늘어나는 동안 공공부문의 투자는 99억 달러에서 437억 달러로 4.4배 늘어났다. 공공부문의 투자 증가율은 연평균 71%로 민간부문의 38%보다 약 2배가량 더 높아 공공부문이 딥테크 성장을 견인하고 있다고 할 수 있다. 5장에서 언급한 것처럼 딥테크 초기에는 공공부문, 즉 정부의 역할이 중요함을 설명한 내용과 일치하는 부분이다.

---

84 개인 투자, 소액 지분, 기업공개, 기업합병, −25~30%에 해당하는 비공개 이전 비용을 포함한 규모. (출처: Capital IQ, Crunchbase, Quid, BCG Center(성장 및 혁신 분석), BCG 및 Hello Tomorrow 분석)

거시적 민간투자 동향

민간투자는 2016년부터 2020년까지 한 건당 1천 3백만 달러에서 4천 4백만 달러로 규모가 커졌으며 특히 딥테크 스타트업에 대한 투자는 한 건당 36만 달러에서 2백만 달러로 규모가 커졌다. 그만큼 큰 투자가 필요한 대형 비즈니스가 늘고 있다고 볼 수 있다. 전체 스타트업 중에서 딥테크 스타트업이 차지하는 비중이 빠르게 증가하고 있으며 딥테크 스타트업이 차지하는 비중은 2010년 약 23%에서 2018년 45%로 2배 늘어났다.

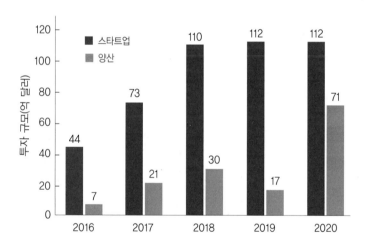

딥테크 영역에 대한 투자 동향(민간 및 공공 부문)

성장단계별 투자 동향

2016년 이후 딥테크 스타트업에 대한 투자를 양산 진입 이전인 스타트업 단계와 양산 진입 이후 양산 단계로 나누어 보면, 스타트업 단계에 대한 투자는 2018년까지 빠르게 증가하다가 2018년 이후 정체되고 있으나 양산 단계에 대한 투자는 2019년 일시적으로 상당히 줄긴 했으나 전체적으로는 2016년에서 2020년까지 빠르게 증가하였다. 양산 단계에 대한 투자는 스타트업 단계에 대한 투자 대비 2016년 16% 수준으로 적었으나 2020년 63%까지 늘었으며 연평균 78.5%의 속도로 증가하였다.

투자 건당 규모가 커지고 있는 것은 양산기술 개발 단계에서 더 큰 투자를 요구하는 양산 단계의 수요가 반영된 결과로 볼 수 있

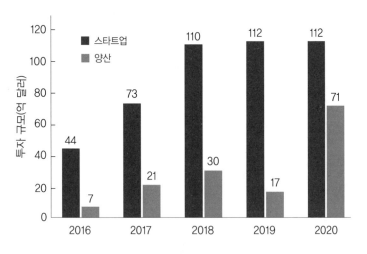

스타트업 및 양산 단계의 딥테크에 대한 투자 동향

다. 딥테크에 대한 투자가 초기의 가능성 혹은 기술의 가치에 주목하던 것에서 이제는 실제 제품을 만들어내는 단계로 옮아가고 있음을 보여준다. 3장에서 딥테크 스타트업의 활동을 소개한 것처럼 실질적인 사업화 성과가 나타나기까지 대략 10~20년이 걸리는 것을 고려하면 2000년대 초반에 투자를 받았던 스타트업들이 점차 양산 단계에 접어들고 있는 것으로 보인다. 양산 단계에 진입한 딥테크 스타트업에 대한 투자가 늘면서 유니콘 기업으로 성장하는 기업이 늘고 있다.

투자기관 및 분야별 투자 규모 현황

세계에서 딥테크 영역에 투자하고 있는 기관은 2020년 약 1,645개이며 미국 751개, 영국 165개, 프랑스 112개, 네덜란드 48개, 싱가포르 34개 등 여러 나라에 분포하고 있다. 2020년 딥테크 분야별 투자 규모는 합성생물학 336억 달러(54.4%), AI 96억 달러(15.5%), 첨단소재 82억 달러(13.3%), 드론/로봇 52억 달러(8.4%), 포토닉스/전자 45억 달러(7.3%), 기타 7억 달러(1.1%)이다. 합성생물학, AI, 첨단소재 등 3개 분야에 전체 투자의 80% 이상이 집중되고 있다.[85]

---

85 Capital IQ, Crunchbase, Quid, BCG Center for Growth and Innovation Analytics, BCG and Hello Tomorrow analysis.

지역별 딥테크 스타트업 분포 현황

2020년 아시아태평양 지역에는 딥테크 및 AI 영역에 약 2,300개의 기업이 있다.[86] 중국이 1,075개로 압도적으로 많으며, 그 다음으로 인도네시아 376개, 호주 229개, 싱가포르 153개, 일본 140개, 한국 132개 순서로 분포하고 있다. 이 지역의 국가 중 중국, 일본, 싱가포르, 한국은 정보 서비스 분야, 호주와 대만은 개발 분야의 비즈니스에 집중하고 있다. 외국의 투자사들이 우리나라의 딥테크 스타트업에 관심이 많은데, 그 이유는 다른 나라들보다 하이테크(high-tech) 기업이 많으며 이들 기업이 활동하는 데 필요한 인프라, 정부 지원, 재원, 공급 인력 등의 생태계가 잘 구축되어 있기 때문이다.

---

86 Deep Tech & Artificial Intelligence Industry in Asia Pacific Region 2020.

딥테크 정책 동향

딥테크가 가진 파괴적 특성과 산업적 성과로 이어지기까지의 어려움을 이해하게 되면서 딥테크는 VC가 투자하던 민간영역에서 공공부문이 관심을 보이는 영역으로 들어오고 있다. 기술 위험과 사업화 위험이 매우 크긴 하지만 성공했을 때 돌아오는 파급효과가 대단히 크고 특히 사회경제적 난제를 해결하는 유망한 수단이므로 VC와 같은 민간의 투자에 맡기기보다는 정부가 나서서 직접 지원해야 할 필요를 인식하게 된 결과로 볼 수 있다. 정부는 연구개발, 산업육성, 기업육성, 인력 양성, 공공 조달, 제도 개선 등 딥테크 대변혁을 유도할 수 있는 다양한 정책 수단을 갖고 있다.

일본

스타트업이 사회와 경제의 뿌리라는 인식을 갖고 있으며, 1990년대부터 스타트업에 대한 투자를 지속해왔다. 2022년 경제재정

관리 및 재편 기본정책에서 5대 투자 우선 영역의 하나로 민간부문의 지원을 받는 '스타트업'을 선정하였다. 특히 기후변화에 대한 대응을 강화하기 위해 스타트업의 창업과 성장을 장려할 필요에 따라 양산에 성공할 가능성이 큰 딥테크 스타트업에 대한 지원을 강화하는 내용을 담고 있다. 일본은 딥테크를 일본의 중소기업이 세계시장에서 경쟁하는 강력한 무기가 될 것으로 생각하고 있다.

딥테크는 세계가 직면하고 있는 사회 난제를 해결하는 것과 관련이 있으므로 일본에게 중요하며 민간부문이 단독으로 딥테크 스타트업을 지원하기에는 어려움이 있으므로 보조금, 연구지원, 공공 및 민간 펀드를 이용한 직간접 투자, 채무보증 등 정책 수단을 활용하여 지원하고 있다. 이런 지원은 딥테크 스타트업이 살아남는 데 큰 도움이 되고 있다. 인공합성 구조용 단백질 소재를 개발하고 있는 스파이버(Spiber), 종이나 플라스틱을 대체할 신소재를 개발하고 있는 TBM과 같은 딥테크 스타트업을 지원했고 양산 단계로 진전시키기 위해 민간부문의 투자를 유도하고 있다. 2021년 딥테크 스타트업의 연구개발을 지원하기 위해 중소기업혁신연구(SBIR)[87] 프로그램을 변경하였고, 신에너지산업기술종합개발기구(NEDO)[88]는 우주 쓰레기를 제거하는 기술을 개발하고 있는 아스트로스케일(Astroscale) 등 13개 기업을 지원하였다.

---

87 SBIR: Small Business Innovation Research.
88 NEDO: New Energy and Industrial Technology Development Organization.

유럽

EU는 유럽의 딥테크 스타트업이 7,000억 유로의 가치를 갖고 있고 매우 빠른 속도로 성장하고 있는 만큼 스스로 우수한 딥테크 역량을 보유하고 있다고 진단하고 지원 정책을 적극적으로 펴고 있다. 2021년 최초로 유럽혁신위원회 펀드를 통해 딥테크 스타트업에 직접 투자하기 시작하였다. 유망한 유럽 스타트업을 발굴하고 양산 단계까지 성장할 수 있도록 지원해 세계시장을 선점하게 하는 프로그램인 유럽혁신위원회 액셀러레이터(이전의 중소기업기구(SME Instrument))를 통해 멘토링과 재원을 지원한다. 지원하는 여러 프로그램 중의 하나가 아니라 유럽의 지식을 활용하여 일어나기를 바라는 일이 실제로 일어날 수 있게 하기 위해 도전하고 있다.

정책 목표는 딥테크를 육성하기 위해 효과적인 생태계를 구축하는 것이며 여기에는 벤처캐피털에 쉽게 접근할 수 있게 하고, 양질의 서비스를 제공하며, 딥테크가 일상생활에 획기적인 신제품과 서비스를 가져오기를 기대하는 스마트 소비자의 수를 늘리는 것이 포함되어 있다. 공공재원을 투자하는 영역으로는 성공적인 기업을 육성하고, 사회를 위한 건전한 발전을 유도하며, 소비자에게 매력 있는 제품을 개발하며, 납세자와 정부를 위해 훌륭한 가치를 만들어내는 영역 등이 있다. 50개의 대형 과학연구 인프라를 통해 고도로 복잡한 연구에 약 200억 유로를 투자하였으며 EU 경제와 사회에 유익한 제품과 서비스에 들어갈 첨단기술을 개발하고 사업화를 지원하고 있다.

호라이즌 2020 프로그램을 통해 170개 프로젝트(170 ATTRACT project)[89]에 투자하고 있으며, 이미징, 탐지, 컴퓨팅 기술 분야의 돌파 기술을 사업화하는 것이 목적이다. 시장에 존재하지 않는 기술을 과학연구 인프라를 활용해 집중적으로 개발하는 것이 목표이며, 이때의 기술은 세계적으로 유명한 연구그룹이 정부 지원을 받아 개발한 세계 수준의 기술이어야 한다. 딥테크 벤처기업을 성장시킬 비전과 자원을 가진 유럽의 VC와 창업가가 이렇게 개발된 기술을 제품과 서비스로 사업화할 수 있을 것으로 기대하고 있다.

프랑스는 '프랑스 2030[90] 투자 계획의 하나로 전략 영역인 생태 및 에너지 전환 부문에서 혁신 잠재력을 생산 역량으로 전환하는 내용을 담은 '산업 및 딥테크 스타트업' 전략을 발표하였다. 1,500개의 혁신산업 스타트업과 중소기업을 육성하는 것을 목표로 하고

---

89 최소 침투 암진단용 파괴적 이미징 분광(프랑스, 독일), 3차원 이미징용 동적 메타표면(노르웨이), 3D 인쇄 가능한 메타소재 통합 압전 고분자 기반 센싱 플랫폼(스위스, 영국) 등 170개 과제.

90 프랑스 2030(France 2030): 2022년부터 5년 동안 생태적 전환의 필요에 따라 프랑스 경제에서 수월성 영역의 전환을 지원하기 위해 300억 유로를 자동차, 항공우주, 디지털, 그린산업, 바이오기술, 문화, 보건 분야에 투입하는 계획이다. 혁신적인 소형 원자로 개발과 그린 수소 선도, 2015년 대비 탄소배출을 35% 줄이는 탈탄소 등 에너지 부문(80억 유로), 2백만 대의 전기 및 하이브리드 자동차 및 최초의 저탄소 항공 제작 등 미래 수송 부문(40억 유로), 건강하고 지속 가능하며 추적 가능한 다이어트를 위한 식품 부문(20억 유로), 20개 항암 및 만성질환용 바이오 신약을 위한 건강 부문(30억 유로), 프랑스를 다시 문화적, 창의적 컨텐츠 제작의 중심지로 만드는 문화 부문, 우주 탐사 및 해저 부문(20억 유로) 등 10개 부문을 목표로 하고 있다.

있으며, 혁신 스타트업과 중소기업의 산업화, 딥테크 스타트업의 창업 촉진 지원, 공공지원에 관한 정부 지원 프로그램 및 정보에 접근을 촉진하기 위한 원스톱 관리체계 구축 등에 23억 유로를 투입할 예정이다.

유럽집행위원회(EC)는 2022년 5월 7일 유럽 의회, 이사회, 유럽 경제사회위원회, 지역위원회의 의견을 담은 새로운 유럽 혁신 의제(A new European innovation agenda)를 발표하였다.[91] 이 의제는 유럽이 딥테크 혁신이라는 새로운 파도를 선도해야 하는 배경을 설명하고 유럽이 취해야 할 딥테크 양산을 위한 금융, 딥테크 혁신을 위한 체제의 조건, 혁신 생태계의 장려 및 유럽 전역의 혁신 간극 해소, 딥테크 인재(인력), 혁신 정책 수립 체제의 개선 등을 자세히 서술하고 있다. 유럽집행위원회는 여기에 제시된 내용이 진행되는 상황과 실행 효과를 2024년까지 모니터링해 유럽 의회에 보고할 계획이다. 이 문건은 정부 정책 관점에서 딥테크 전반을 정리한 최초의 자료이며 향후 여러 나라가 참고하게 될 것으로 생각한다.

---

91 A New European Innovation Agenda (Communication from the Commission to the European Parliament, the Council, the European Economic and Social Committee and the Committee of the Regions), European Commission, COM (2022) 332 final, Brussels, 5.7.2022.

기타 국가

유럽의 국가들 중 영국, 프랑스, 독일 외에도 네덜란드, 핀란드, 스페인 등이 딥테크를 육성하는 데 매우 적극적이다. 딥테크 환경에 적합한 지역을 허브로 육성하고 있으며 생태계를 구축하는 데 집중하고 있다.

미국과 유럽을 제외한 여러 국가 중 딥테크를 육성하는 데 가장 적극적인 나라는 인도다. 인도는 2023년 초 딥테크 스타트업을 지원하기 위해 디지털 인도 혁신 펀드(Digital India Innovation Fund)를 조성하였다. 인도 내에는 2022년 기준 3,200개 이상의 딥테크 스타트업이 있고, 이는 전체 스타트업의 12%를 차지하는 것이다.[92] 지난 4년간 연평균 40% 이상의 빠른 속도로 딥테크 스타트업이 증가하고 있다. 민간에서도 딥테크 스타트업 육성을 지원하기 위해 유망 딥테크 스타트업, 보육기관, VC가 결성한 산업 연합체인 '인도 딥테크(India DeepTech)' 등이 활동하고 있다.

캐나다, 호주, 싱가포르도 정부 혹은 민간 차원에서 딥테크에 많은 관심을 두고 있다. 캐나다는 2018년 비영리기관인 나노캐나다(NanoCanada)를 설립해 운영하다가 2022년 글로벌 이슈 해결, 신시장 창출, 기존기술의 파괴를 지향하는 딥테크 캐나다(DeepTech Canada)로 재편하였다. 여기에는 캐나다 정부와 앨버타주 정부는

---

92 NASSCOM strategic report 2023.

물론 대학, 공공연구기관, 기업, 투자기관 등 36개 기관이 참여하고 있다. 호주는 2015년부터 연방과학산업연구기구(CSIRO)가 지원하는 '온 프로그램(ON program)'을 중심으로 66개 딥테크 기업을 설립하였으며, 2022년에만 10개의 딥테크 스타트업을 지원하였다. 싱가포르는 딥테크 네트워크인 딥테크 얼라이언스를 구성하여 생태계를 구축하고 있다.

우리나라

우리나라는 아직 딥테크를 별도의 정책으로 추진하고 있지 않으나 혁신성장의 관점에서 딥테크에 속하는 기술에 대한 지원을 고려하고 있다. 2022년 11월 금융권(정책금융기관)은 5년간 총 15조 원의 혁신성장펀드를 조성해 벤처·스타트업을 지원할 예정임을 발표하였다. 2027년까지 5년 동안 매년 3,000억 원의 재정을 투입해 3조 원(재정출자비율 10%)의 혁신성장펀드를 조성할 예정이다. 조성되는 혁신성장펀드는 반도체, AI, 항공우주 등 신산업·전략산업 분야(딥테크 포함)에 투입될 예정이며 벤처기업이 유니콘 기업으로 성장할 수 있도록 지원하는 것을 목적으로 한다.

민간투자 동향

투자기관 및 투자 동향

영국의 아토미코, 네덜란드의 딜룸(Dealroom), 하이테크XL(High TechXL), 프랑스의 헬로 투모로우, 미국(MIT)의 엔진 등 딥테크 스타트업에만 투자하는 VC가 나타나고 있다.[93] 딜룸은 2017년 600건에 35억 달러를 투자하였다. 와이 콤비네이터, 스피드인베스트(Speedinvest) 등 기존의 VC들도 딥테크를 주요 투자 영역으로 설정하고, 딥테크 스타트업에 대한 투자했다. 와이 콤비네이터는 2016년 바이오 기술 9건, 드론 4건, 첨단 하드웨어 3건 등 32개 스타트업에 투자했다. 하이테크XL은 2015~2019년 5년 동안 66개 벤처기업에 9천만 유로 이상을 투자했으며 그중 17개 기업이 최소 수익(ROI) 10배 이상의 성과를 창출했다.

---

93 이들은 투자자로서만이 아니라 딥테크 정보를 제공하고 생태계를 조성하는 등 허브(hub) 혹은 플랫폼으로서의 역할을 하고 있다.

미국 및 유럽의 투자 동향

미국이 딥테크 투자를 주도하고 중국이 그 뒤를 잇고 있으며 투자 규모가 연평균 80% 이상의 빠른 속도로 성장하고 있다. 유럽의 여러 국가도 딥테크에 큰 관심을 두고 있으며, 2015년 이후 VC의 딥테크 스타트업에 대한 투자가 일반 기술 스타트업에 대한 투자보다 3배 이상 많았다.

아토미코 자료에 따르면 2021년 1월에서 9월 사이 유럽에서 딥테크 스타트업에 약 200억 달러 이상의 벤처투자가 이뤄졌다. 투자기업 중 상위 10건의 투자 내용은 다음 표와 같다.[94]

민간투자 동향(기관투자)

민간영역에서는 구글, 페이스북, 아마존, IBM, 애플 등 글로벌 대기업이 AI, 가상현실(VR), 드론, 자율주행차 등의 영역에서 딥테크 스타트업의 지원에 나섰으며, CVC를 활용해 스타트업을 육성하고 있다. 기후변화 대응이나 ESG 경영과 같은 새로운 경영 환경에서 딥테크를 글로벌 대기업을 변화시킬 새로운 모멘텀으로 인식하고 있다. 기존 투자기관뿐만 아니라 배경이 다른 여러 기관이 모여 새로운 딥테크 펀드를 조성하기도 한다.[95] 수 나노미터급 첨

---

94 European deeptech in 2021: These were the 10 biggest funding rounds, tech eu summit (Brussels), 17 May 2022.

95 기존의 투자전문기관은 새로운 과학기술을 기반으로 하는 딥테크를 이해하는 데 한계가 있을 수 있다. 과학기술 분야에 전문성을 가진 기관들이 펀드 조성에 참여하면 더 큰 성과를 창출할 수 있으므로 나타나는 움직임으로 보인다.

EU 지역 상위 10건의 투자 내용(2021년 1월~9월)

딥테크 스타트업	사업영역	투자사	투자 규모 (달러)
Northvolt (스웨덴)	지속 가능한 리튬이온 배터리	Goldman Sachs Volkswagen AP1-4(스웨덴 연금펀드) OMERS(캐나다)	27.5억
CMR Surgical (영국)	로봇 키홀 수술 시스템	Softbank Vision Fund 2, Ally Bridge Group	6억
OneWeb (영국)	고속-저지연 인공위성 통신 시스템	한화시스템	3억
Velocopter (독일)	도시에어모빌리티 (UAM)	-	2억
Agile Robot (독일)	다섯 손가락 로봇 (미래 로봇)	Softbank Vision Fund 2	2억 2천만
Oxford Nanopore (영국)	DNA 시퀀싱 바이오테크	-	1억 9천 5백만
Vertical Aerospace (영국)	전기 에어택시	Mudrick Capital(미국) Kouros(프랑스)	2억 5백만
Owkin (프랑스)	바이오제약 플랫폼 (AI 최초 적용)	Sanofi(바이오제약)	1억 8천만 (유니콘 기업)
DNA Script (프랑스)	유전자 편집 (CRISPR)용 탁상용 DNA 프 린터	Coatue and Catalio Capital Management	1억 6천 5백만
MindMaze (스위스)	디지털 신경치료 시스템	AlbaCore Capital Group	1억 2천 5백만

단반도체 제조에 필수적인 극자외선(EUV) 노광기술을 독점하고 있는 네덜란드의 ASML은 필립스(Philips), 브라반트 개발청(Brabantse Ontwikkelings Maatschappij(BOM)), 연구기관인 TNO, PME 연금기금(PME Pensionfunds), 인베스트 NL(Invest-NL)과 함께 딥테크 영역의 전략투자기관인 딥테크XL(DeepTechXL)을 설립하고 공동투자자로 참여하고 있다.[96]

개인 투자자의 동향

이런 기관투자 외에 개인 투자자의 투자도 늘고 있다. 개인 혹은 가족이 설립한 투자조직이 개별적으로 투자하므로 통계자료가 정확히 노출되고 있지 않으나 투자 내용이 공공매체를 통해 조금씩 알려지고 있다. 한 예로, 빌 게이츠는 2006년 소형 모듈 원자로(SMR) 기업인 테라파워(TerraPower)를 설립하고 2028년 345MW(메가와트) 규모의 SMR을 완성하는 것을 목표로 투자하고 있다. 여기에는 워런 버핏, 모하메드 알 하마디(아랍에미리트(UAE) 원자력공사 대표), 인도 대기업 릴라이언스 등이 참여하고 있으며 우리나라의 SK그룹도 참여하고 있다.[97]

---

96 ASML Announcement, May 24 2022 (ASML Homepage).
97 조선경제(산업·재계), 소형원전 투자 나서는 SK… '빌 게이츠 회사'에 3,300억 ('테라파워' 손잡고 동남아 진출), 2022년 8월 16일.

가족회사의 자산을 관리하고 투자를 자문하고 있는 FINTRX[98]
의 분석[99]에 따르면 최근 딥테크 영역에 대한 가족회사의 투자가
극적으로 늘고 있다. 딥테크 영역의 성격상 유연하며 장기간에 걸
쳐 성공 기회를 보는 인내심 있는 투자를 선호하는데 이는 단기적
인 손해를 감수하고서도 장기적으로 큰 이익을 기대하는 가족 투
자의 성격과 잘 일치하기 때문이다. 딥테크 투자에 관심이 있는
가족 투자사 중 69%는 단독으로 투자하는 것을 선호하며 나머지
31%는 여러 가족 투자사가 함께 투자하는 것을 선호하고 있다.
지역적으로는 아시아와 북미에 있는 가족 투자사들이 딥테크에
관심이 많다.

딥테크에 투자하는 가족 투자사의 자산규모는 20~50억 달러가
20%로 가장 많았고, 50억 달러 이상이 18%를 차지하였다. 5천
만~1억 달러(15%) 규모와 1~5억 달러 규모의 자산을 가진 가족
투자사가 그다음을 차지하고 있다. 자산규모가 크거나 반대로 작
은 가족 투자사가 상대적으로 딥테크 투자에 관심이 많았다. 자산
을 안정적으로 운영하고자 하는 중간 규모의 가족 투자사는 딥테
크 투자에 상대적으로 적은 관심을 보였다. 가족 투자사들은 딥테

---

98 FINTRX는 85만 개 이상의 가족회사 및 투자자문 기록을 가진 통합 데이터
및 연구 플랫폼이다. FINTRX는 3,700개 이상의 가족회사, 2만 건 이상의 거래,
약 4만 건의 투자자문기관과 연결돼 있으며 85만 명 이상의 부유한 결정권자들과
고액의 계약을 맺고 있다.
99 Family offices harnessing the power of deep tech investments, FINTRX, White paper
(2023).

크 영역 중 바이오(53%), 데이터(49%), 자동화(26%), 로봇(22%), 블록체인(14%) 순으로 관심이 많았다.

투자기관의 위험 축소 및 기업의 투자 영역

유럽에서 아토미코, 레이크 스타(Lake Star), 드라퍼 에스피리트 등 주요 딥테크 투자사들이 투자하고 있는 딥테크 스타트업은 다음의 표와 같다. 투자사들은 여러 개의 스타트업에 투자하고 있으며, 여러 투자사가 함께 투자하고 있는 스타트업도 많다. 예를 들어 아토미코, 드라퍼 에스프리트, 아마데우스(Amadeus), 베일리 기포드(Baillie Gifford) 등 여러 회사가 함께 그래프코어(Graphcore)에 투자하고 있다. 또한 이들 투자사는 유럽 지역 내에 있는 딥테크 스타트업뿐만 아니라 미국, 중국에 있는 딥테크 스타트업에도 투자하고 있다.

여러 투자회사가 함께 투자에 참여하면 단독으로 투자했을 때 모두 떠안게 되는 큰 위험을 분산시킬 수 있다. 공동투자가 가진 이런 장점 때문에 투자사 간 협력이 확대되고 있다. 다음 그림은 딥테크에 투자하고 있는 투자사의 설립 시기와 공동투자 협력관계를 보여준다. 투자사 간 상대적인 협력 정도를 연결선의 굵기로 나타냈다. DCVC-코슬라(Khosla), 테마섹(Temasek)-세콰이어(Sequoia), 럭스(Lux)-a16z, 파운더스 펀드(Founders Fund)-a16z 사이에는 매우 활발한 투자 협력이 이뤄지고 있다. 여러 투자사가 활

주요 딥테크 투자사가 투자하는 딥테크 스타트업

atomico®	LAKE STAR	✕ Draper Esprit	Balderton. capital
PsiQuantum (US), Lilium, Graphcore, Varjo, Arculus	Isar Aerospace, FiveAll, Auterion, Eigen Technologies, Soul Machine (US), Terra Quantum	UiPath, Graphcore, Movidius, ICEYE, Ledger, Endomag	Darktrace, Sophia, Genetics, Infram, Healx, Tessian, Comply Advantage, Cleo, Rahko, The Curious AI Company, Furhat Robotics
TEMASEK	EQT VENTURES	◯ LocalGlobe	⧦ Index Ventures
BioNTech, BenevolentAI, Improbable, SenseTime (China), Magic Leap (US)	Varjo, Cleo, Cytora, Wandelbots, Einide, Riskmethods	Improbable, Tessian, Cleo, Streebees, Signal AI, Faculty	Collibra, Comply Advantage, Aurora (US), Scale (US), Behavox (US), Kayrros
bpi france	◯ Amadeus Capital Partners	idinvest PARTNERS	≣ SoftBank
Kineis, Carmet, Aledia, Bioserenity, Owkin, Balyo	Improbable, Graphcore, Healx, Five AI, XMOS, Paragraf	Sophia Genetics, Onfido, Bioserenity, Kaia Health, Weride ai (China)	Improbable, Energy Vault, Roivant Sciences (US), Cruise (US), Nuro (US), View (US)
octopus ventures	BAILLIE GIFFORD	PRIMEVENTURES	**HV**
Quantum Motion, Altitude Angel, WaveOptics, Ori Biotech, Phoelex, AudioTelligence, Swiftkey, Rangespan, Evi, Magic Pony, UltraSoc, Zynstra	Northvolt, Graphcore, Lilium, Aurora (US)	Almotive, CybelAngel, Intrinsic ID, Ipdia	Isar Aerospace, Vaha, Verbit (US)

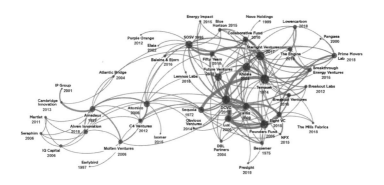

딥테크 투자기관(VC) 간 공동투자 동향[100]

발하게 투자하고 있으며 특히 2000년 이후 설립된 투자사들이 딥
테크 투자를 주도하고 있다. 최근 설립된 딥테크 전문 투자사 중
에는 기존의 대형 투자사들이 딥테크에 투자하기 위해 별도로 설
립한 투자사들이 포함되어 있다.

딥테크 스타트업에 대한 유럽 VC의 투자는 2014년 이후 급격히
늘었으며 2014년에서 2019년 사이 4배가 증가하였다. VC 전체 투
자에서 딥테크 부분이 차지하는 비중 역시 2014년 이후 꾸준히 증
가하고 있으며 2020년 약 24%가 딥테크 부분에 투자되고 있다.

2018년 주요국 기업의 영역별 딥테크 투자 규모를 정리하면 다
음 표와 같다. 가장 많이 투자한 나라는 미국이며 주요국 합계의
절반을 차지한다. EU 27개국이 미국의 48%, 일본이 미국의 25%,

---

100 S&P CapitalIQ, BCG and Hello Tomorrow analysis 자료.

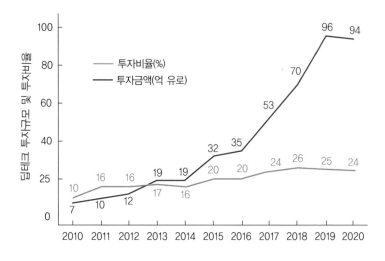

유럽 VC의 딥테크 투자 동향

중국이 미국의 11% 정도를 투자하고 있다. 우리나라는 미국의 약

9%를 투자하고 있다. 영역별로는 인터넷·소프트웨어·하드웨어,

자동차, 제약 분야에 전체 투자의 약 75%가 집중되고 있다. 미국,

한국, 중국은 인터넷·소프트웨어·하드웨어 영역, EU와 일본은

자동차 영역, 영국은 제약 영역에 투자를 집중하고 있다.

주요국 기업의 영역별 딥테크 투자 현황(2018년)

투자 (10억 달러) \ 국가	미국	EU-27	일본	중국	한국	영국	(합계)
인터넷/소프트웨어/ 하드웨어(전자)	114	9	9	15	17	1	165
반도체	39	5	3	1	2	0	50
바이오기술	35	4	0	0	0	0	39
제약	40	42	13	1	0	12	108
자동차	19	46	39	6	4	4	118
통신	13	16	2	3	0	1	35
석유 및 가스	1	3	0	3	0	0	7
(합계)	261	125	66	29	23	18	522

딥테크 산업 동향

전통적인 산업영역에서도 딥테크식 접근이 필요한 부분이 많으며 실제로 많은 기업이 나타나고 있다. 신기술을 적용해 탄소배출을 줄이고 에너지 절약, 자원 절약 혹은 탐사, 사고 방지, 자원 재활용 등 다양한 비즈니스를 하는 스타트업이 출현하고 있다. 이들은 기존 산업이 갖춰놓은 기반(인프라)을 상당 부분 활용해 비용을 줄일 수 있으므로 시장에 쉽게 진입하고 있다. 이들이 산업에 미치는 파급효과는 돌파 혁신이 미치는 수준보다는 작지만 기존 산업이 안고 있는 난제를 해결하는 데 크게 이바지하게 될 전망이다. 주요 산업 동향별 딥테크 스타트업은 다음 표와 같다. 기업명, 사업영역과 함께 설립연도를 표기하여 산업 부문에서의 딥테크 동향을 파악할 수 있게 하였다.

간혹 2000년 이전에 창업한 딥테크 스타트업이 있긴 하지만 대부분은 2000년 이후 창업한 기업들이다. 2000년대에는 생산과 소

산업 동향별 딥테크 스타트업

OT와 IT의 융합	
물류의 실시간 가시화	Traxens(스마트 컨테이너 공급망 솔루션(프랑스, 2012)), Nexxiot(철도화물 공급망 관리(스위스, 2015))
디지털 트윈/ CPS	AKSELOS(에너지 인프라용 디지털트윈(스위스, 2012)), Melis Labs(산업 생산 최적화 AI 플랫폼(영국, 2017)), TWAICE(리튬이온 배터리 개발/운전 최적화(미국, 2018))
산업인터넷 솔루션	Crate.io(데이터 아키텍처 단순화(미국, 2013)), IOTech(엣지 소프트 웨어 (영국, 2017)), Senseforce(산업 데이터 플랫폼(독일, 2016)), Drag & bot (그래픽 로봇 운영시스템(독일, 2017))
예측 보수	Konux(산업 IoT & AI 기반 철도운용시스템(미국, 2014)), Conundrum (예측유지관리 AI 솔루션(영국, 2018)), Azeti(산업 IoT 플랫폼(독일, 2006))

생산과 소비의 지역화	
3D 프린터의 제조	Mcor(종이 기반 3D 프린팅 시스템(아일랜드, 2005)), Prodways(다용도 전문 3D 프린터 및 소재(프랑스, 2013)), XTPL(나노소재 정밀인쇄(폴란드, 2005))
적층제조 소프트웨어	3Yourmind(적층제조 작업관리 소프트웨어(독일, 2014)), 3D Trust(적층제조 작업관리 소프트웨어(독일, 2015)), AMFG(적층제조용 자동 소프트웨어(영국, 2013))
적층제조 시장	Sculpteo(온라인 3D 프린팅 서비스(프랑스, 2009)), MOBBOT(3D 콘크리트 프린팅(스위스, 2018)), Ploy-Shape(금속 3D 프린팅(프랑스, 2007)), Norsk Titanium(맞춤형 금속 적층제조(노르웨이, 2007))
수요 맞춤 제조	3D Hubs(온라인 제조 플랫폼(네덜란드, 2013)), DiManEx(분산 제조 플랫폼 (네덜란드, 2015)), SHAPEWAYS(3D 프린팅 서비스(미국, 2007)), WAZP (3D 프린팅 글로벌 서비스(아일랜드, 2015))

제조업의 소비화	
스마트 웨어러블	Diota(디지털 현장 솔루션(프랑스, 2009)), ProGlove(무선 바코드 스캐너 (독일, 2014)), Aucobo(지능 매장정리 솔루션(독일, 2016)), Holo-Light (확장현실(XR) 스트리밍(독일, 2015))
협력 로봇	Mir(자율 모바일 로봇(러시아, 1986)), Spin(전기차 및 전기스쿠터 공유 시스템 (미국, 2016)), Universal Robots(산업용 협동로봇팔(덴마크, 2012)), Magazino(지능형 모바일 로봇(독일, 2012))
힘든 작업용 착용형 로봇	Gogoa(모빌리티 로봇(스페인, 2015)), German Bionic(완전 자동화 로봇 시스템(독일, 2017)), Bioservo(착용형 근육강화 시스템(스웨덴, 2016))

➡

증강 현실 소프트웨어	Gleechi(가상현실(VR) 훈련 시스템(스웨덴, 2014)), Innoactive(VR 훈련 플랫폼(독일, 2013)), UBiMAX(웨어러블용 증강현실(AR) 솔루션(독일, 2014))
산업의 탈탄소화	
지속 가능한 물류	Tracks(탈탄소 물류시스템(독일, 2018)), Heuremo(IoT/데이터 기반 공급망 디지털화(독일, 2018)), Velove(그린 물류(스웨덴, 2015))
지속가능한 소재	Recycling Technologies(플라스틱 폐기물 재활용(영국, 2011)), BioBTX (소재생산용 기름을 바이오매스나 폐기물로 대체(네덜란드, 2015)), CarBio (효소 기반 플라스틱 재활용(프랑스, 2011)), FenX(폐기광물 자원화(스위스, 2018))
에너지 소비 최적화	Metron(에너지 효율 제고 솔루션(미국, 1982)), GridBeyond(AI 기반 에너지 서비스(아일랜드, 2017)), Eergiency(AI 기반 에너지 관리시스템(프랑스, 2013)), Energisme(실시간 에너지 사용 자동화 플랫폼(프랑스, 2004))
신재생 에너지	Pexapark(풍력 및 태양 에너지 구매시스템(스위스, 2017)), Greenbyte (신재생에너지 생산관리시스템(인도, 2010)), Trine(태양에너지 투자시스템 (스웨덴, 2015))
하향식 기술변화 수용	
첨단 해석	Earth Science Analytics(지구과학 데이터 및 AI 기반 석유자원 탐사(노르웨이, 2016)), Kayrros(에너지 및 환경 지리 분석(프랑스, 2016)), Prewave (공급망관리용 공급자 모니터링시스템(오스트리아, 2017))
시뮬레이션 및 첨단 공학	Simscale(클라우드 기반 시뮬레이션(독일, 2012)), Ingrid cloud(클라우드 기반 완전 자동화 시뮬레이션(스웨덴, 2015)), Elise(개방형 시각 엔지니어링 플랫폼(독일, 2018))
산업 사이버 보안	Rhebo(산업/에너지/물 인프라의 사이버 보안 및 운용(독일, 2014)), ICsec (사이버 보안(폴란드, 2018))
로봇	Balyo(로봇(설계/개발/서비스)(프랑스, 2015)), Nomagic(AI 제어 로봇(폴란드, 2017)), Zenrobotics(폐기물 재활용 로봇(핀란드, 2007))

비의 지역화 영역에서 3D 프린팅을 중심으로 한 창업이 붐을 이루었다. 운영기술(OT)과 정보기술(IT)의 결합 등 다른 산업영역에서는 2010년대 이후 창업이 집중적으로 이뤄졌다.

딥테크 스타트업이 인터넷, 모바일, 클라우드 컴퓨팅 등 이미 조성된 디지털 환경과 AI, 빅데이터, 사물인터넷, 3D 프린팅 등 신기술을 융합해 제조 혁신, 물류(공급망) 및 에너지 관리 시스템, 새로운 서비스 등의 분야에서 다양한 솔루션을 사업화하고 있음을 알 수 있다.

유럽의 딥테크 스타트업에 대한 최근의 투자 내용을 정리하면 다음 표와 같다. 사업영역은 사회 안전이나 보건, 첨단기술(양자, AI, 반도체 등) 등으로 범위가 넓다. 대부분의 딥테크 스타트업은 대학이나 연구소가 개발한 새로운 기술에 기반을 두고 있으며, 이 기술은 EU의 기술개발 프로그램이나 정부의 지원을 받은 연구에서 나오거나 일부는 민간재단이 지원하는 프로그램에서 나왔다.

유럽의 딥테크 스타트업 투자 내용

기업명 (국가/창업)	사업영역	기술개발 기관	지원 프로그램	투자 (유로)
BioNTech (독, 2008)	감염병 백신 (mRNA 백신), 개인 별 면역 항암 요법	마인츠 대학교	유럽 H2020 프로그램	13억
Onfido (영, 2012)	사진 기반 신원 확인	옥스퍼드 대학교	Eurostar SME 프로그램(ESP), Tech Nation	1.92억
Aledio (프, 2011)	모바일 디스플레이용 3D LED	CEA	European Innovation Council(EIC)	1.71억
ICEYE (핀, 2014)	마이크로 위성 제작	알토대학교	EC, ESP	1.23억
Climeworks (스, 2009)	대기 중 이산화탄소 직접 분리	취리히 연방 공과 대학교	ESP	1.14억

➡

기업명 (국가/창업)	사업영역	기술개발 기관	지원 프로그램	투자 (유로)
XMOS (영, 2005)	팹리스 반도체 (오디오제품/멀티코어 마이크로 컨트롤러)	브리스톨 대학교	EIC	1.02억
Exscientia (영, 2012)	AI 기반 약물 개발	던디대학교	빌 & 멀린더 게이츠 재단	9천 6백만
IQM (핀, 2018)	양자 계산	알토대학교/ VTT	EIC	6천 8백만
Vaccitech (영, 2016)	옥스퍼드 코로나 백신	옥스퍼드 대학교	UKRI	4천 3백만
MAGAZINO (독, 2014)	첨단로봇, 창고 물류시스템	뮌헨공과 대학교	EXIST	4천 1백만
KALRAY (프, 2008)	팹리스 반도체 (차량용 반도체)	CEA	ESP	3천 4백만
Oxbotica (영, 2014)	자율주행차용 소프트웨어	옥스퍼드 대학교	Innovate UK	7천만
Wingtra (스, 2013)	전기구동 특수 드론	취리히 연방 공과 대학교	EIC	2천 7백만
ONI (영, 2016)	분자관찰 초고해상도 현미경	옥스퍼드 대학교	–	2천 7백만
ULTROMICS (영, 2017)	AI 기반 심장 진단	옥스퍼드 대학교	영국 정부, NHR	2천 4백만
Paragraf (영, 2015)	그래핀 기반 반도체	케임브리지 대학교	ERDF	2천 3백만
Recycling Technologies (영, 2021)	플라스틱 폐기물 재활용	워릭대학교	EIC, UKRI	2천만
Riverlane (영, 2017)	양자컴퓨터	케임브리지 대학교	영국 정부	4백만

7장 :

딥테크 개발

DEEP TECH

딥테크 대변혁의 배경

딥테크 개발의 전제 조건

딥테크를 실제 비즈니스로 만들기 위해서는 적어도 세 가지 전제 조건이 충족되어야 한다. 첫째는 해결하고자 하는 목표, 즉 이슈(난제)가 있어야 한다. 난제의 원인이 분명하고 단순히 문제의식을 느끼는 정도가 아니라 해결이 절실한 것이어야 하며 해결했을 때 나타날 성과가 구체적이고 커야 한다. 또한 성과가 지속 가능한 비즈니스로 정착될 수 있어야 한다. 둘째는 난제를 해결하는 데 핵심적으로 활용하거나 힌트를 줄 새로운 과학지식이 있어야 한다. 그런 지식은 대개 최근 발견한 것이거나 이전에 발견했으나 활용할 수 있는 수준으로 성숙되지 않고 있던 것이 대부분이다. 셋째는 과학지식만으로 난제를 직접 해결하지는 못하므로 과학지식을 문제해결의 솔루션으로 바꿀 결정적인 공학적(기술적) 아이디어가 있어야 한다. 또한 이 아이디어를 실현할 기술 기반(인프라)이 어느 정도 갖춰져 있어야 한다.

위대한 과학지식은 험난한 과정을 거쳐 현실이 된다

약 120여 년 전 지금처럼 기후변화의 영향이 심각한 수준에 도달해 더는 화석연료에 의존할 수 없게 된 상황에 직면했다고 가정해보자. 1905년 때마침 물질의 질량이 에너지와 등가임을 제시하는 아인슈타인의 특수 상대성 이론이 발표되었다. 물질이 곧 에너지, 즉 물질이 에너지로 전환될 수 있다는, 당시로서는 상상하기 어려운 놀라운 과학이론이었다. 물질의 질량 변화(감소)를 유도할 방안(아이디어)을 찾을 수 있다면 극소량의 질량 감소만으로도 막대한 에너지를 얻을 수 있으므로 탄소배출 걱정 없이 깨끗한 에너지를 얻을 수 있으니 놀라운 일이 아닐 수 없다.

하지만 곧바로 아인슈타인의 이론을 이용해 에너지를 얻을 수는 없었다. 당시에는 이론을 검증할 실험환경이 구축되어 있지 않았을 뿐 아니라 그보다 먼저 물질의 질량이 실제로 에너지로 전환될 수 있는지를 밝히는 개념 증명이 있어야 했다. 중성자의 발견(1932년), 중성자를 우라늄 원자에 충돌시켰을 때 증가하는 질량(1934년, 엔리코 페르미), 질량 증가로 불안정해진 우라늄이 바륨(Ba)과 크립톤(Kr)으로 분열하면서 중성자 입자와 에너지를 방출하는 현상(1938년, 리제 마이트너·오토 프리슈 등), 방출되는 중성자 입자가 다른 우라늄 원자를 때려 연쇄반응이 일어나는 현상 등이 차례로 밝혀진 다음에야 핵분열(nuclear fission) 혹은 핵융합(nuclear fusion) 장치를 개발할 수 있었으며 장치를 안정적으로 작동시킬 수 있는 시스템(원자로)을 개발할 수 있었다.

이처럼 새로운 과학 발견(지식)을 현실로 만들기 위해서는 여러 가지 결정적인 과학적 발견과 돌파 기술들을 개발해야 한다. 핵분열 시 감소하는 질량만큼 에너지를 발생하는 원자로는 오래전에 개발되어 상업 발전에 쓰이고 있지만, 반대로 핵융합의 결과로 질량이 감소(단독으로 있던 양성자와 중성자가 결합할 때 생기는 무게 감소)할 때 나오는 에너지를 이용하는 기술은 2023년 현재도 개발 중이다. 기술적인 진보가 더 필요하기 때문이다.

과학지식을 산업적 성과로 실현하기 위해서는 여러 단계의 공학적 해결 과정을 거쳐야 하므로 딥테크 개발이나 비즈니스는 오래 걸리고 그 과정에 많은 재원이 소요된다. 특수 상대성 이론이 발표된 이후 많은 연구를 거쳐 1942년 12월 핵분열 연쇄반응을 일으키는 데 성공함으로써 원자력 시대가 열렸으며 1954년 6월 최초의 상업용 발전이 시작되었다. 특수 상대성 이론이 원자력 발전이라는 현실이 되기까지 거의 50년이 걸렸다. 상업적으로 쓸 수 있는 안전한 핵융합로가 나오려면 아직도 20여 년을 더 기다려야 할 전망이다. 특수 상대성 이론 같은 획기적인 과학 지식일수록 상업적인 성과로 이어지기까지 오랫동안 수많은 연구개발 과정을 거쳐야 한다. 딥테크를 산업화하는 과정은 이처럼 길고 험난하다. 하지만 딥테크는 지금까지 있었던 어떤 혁신기술보다 큰 파급효과를 불러오고 글로벌 난제를 해결할 솔루션을 제공할 수 있으므로 다른 대안이 없는 이상 효율적으로 실현할 방법을 찾아야 한다.

21세기는 딥테크 혁명이 가능한 환경

21세기 초반이 거의 지나가고 있는 현재 고도로 발달한 과학기술 덕분에 과거에는 개발하는 데 수십 년 걸렸던 기술을 불과 몇 달, 몇 년 안에 개발할 수 있게 됐으며 화성탐험이나 하이퍼튜브와 같이 이전에는 실현할 수 없었던 상상 속의 아이디어를 현실로 만들 수 있게 되었다. 이런 첨단기술은 딥테크를 보다 쉽고 빠르게 실현하는 바탕이 되고 있다. 첨단 제조, 3D 프린팅, 나노기술, 합성생물학, AI, 양자컴퓨팅 등이 딥테크 대변혁을 끌고 가는 강력한 수단(power tool)이 될 전망이다. 이런 첨단 과학기술 덕분에 난제 해결에 도전하는 결정적인 아이디어가 분출하고 있으며 딥테크 비즈니스가 붐을 형성해가고 있다. 공학의 시대라고 부르는 2차 산업혁명을 능가하는 제2의 공학 시대가 도래할 조짐이 이미 보이고 있으며, 곧 딥테크 혁명으로 부르게 될지도 모른다.

난제를 푸는 혁신 회오리-DBTL
(Design-Build-Test-Learn)

딥테크가 도전해야 하는 난제는 저마다 문제의 성격이 다르고 요구하는 과학지식이나 공학 기반도 서로 다르므로 모두 같은 방법으로 해결할 수는 없다. 과학과 현실(딥테크) 사이에는 대단히 큰 간격이 있는 만큼 그 공백을 빠르게 채워나가는 문제해결 방법이 필요하다. 난제를 해결하는 모범답안은 있을 수 없으나 참고할만 한 방법론은 있을 수 있다. 딥테크 혁신의 방법으로 제시된 연구 개발 프로세스 중의 하나를 소개한다. 앞서 얘기한 딥테크의 전제 중 세 번째 전제인 결정적인 문제해결 아이디어를 실제로 구현하 는 방법에 해당한다.

딥테크 아이디어를 실현하는 연구방법론은 이른바 DBTL(Design -Build-Test-Learn)[101]의 사이클, 즉 설계-구축(제작)-시험(평가)-학

---

101   Deep tech: The great wave of innovation, BCG & Hello Tomorrow.

습의 사이클로 요약할 수 있다. DBTL은 원래 합성생물학에서 특정한 물질을 만들어내는 인공세포나 미생물을 개발하는 목적을 효율적으로 달성하기 위하여 일련의 과정을 반복적으로 수행함으로써 DNA의 설계 규칙을 정립하는 대사공학의 프로세스였다. 경험에 의존하는 전통적인 방법으로 개발하려면 3~10년에 걸쳐 연간 수백 명의 인원을 투입해야 하고 수백만 달러가 들어간다.[102] 그래서 효율적인 DNA 합성이나 유전체 편집, 고효율 스크리닝을 개발하기 위해 도입된 대사 공학적 접근방법이 DBTL이다. DBTL 사이클에 머신러닝을 결합한 자동화 프로세스가 도입되면서 효율성이 수십 배 향상되었으며 합성생물학이 급성장하는 바탕이 되었다.

　DBTL은 혁신 사이클에서 해왔던 기존의 방법론인 구축-측정-학습(Build-Measure-Learn(BML))이나 구축-시험-학습-개선(Build-Test-Learn-Improve(BTLI))과 다르지는 않으며 유사한 점이 많다. DNA를 설계하고 합성한 다음 그 결과를 봐야 하므로 설계(Design) 부분이 강조된 것인데, 다른 방법론에서는 설계가 독립적으로 있지 않고 구축에 포함(Design & Build)돼 있을 뿐이다. 딥테크 개발에서 DBTL을 핵심 수단으로 활용하는 것이 효과적인 이유

102　Paul Opgenorth et al. : Lessons from two Design-Build-Test-Learn cycles of dodecanol production in Escherichia coli aided by machine learning, ACS Synth. Biol., 8, 1337 (2019).

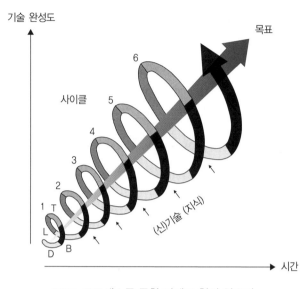

기술 완성도

목표

사이클

(신)기술 (지식)

시간

DBTL 프로세스를 통한 딥테크 혁신 회오리

는 세상에 존재하지 않는 시스템을 만들어내기 위해서는 과학지
식을 기반으로 한 설계가 중요하며, 한 번에 완벽한 시스템을 만
들기 쉽지 않으므로 일련의 사이클을 반복하면서 완성도를 높여
가는 과정이 필요하기 때문이다. 민간 우주개발에서 거듭된 실패
에도 불구하고 로켓의 발사를 반복하면서 운반 용량을 키우고 재
사용 가능한 추진체를 완성해가는 과정을 생각하면 DBTL의 효
과성을 짐작할 수 있다. 개발 초기의 사이클에서 실수를 통해 학
습하고, 그 결과를 다음 사이클로 환류해 상업화 단계에서의 치명
적인 사고를 방지하는 것이다.

딥테크 개발을 추진하는 동력은 첨단과학과 공학(엔지니어링), 설

계를 융합하는 접근방법과 물질 및 에너지, 컴퓨팅 및 인지(AI), 센싱 및 액츄에이션을 서로 융합하는 기술적 접근에서 나온다. 이런 동력을 발생시키는 엔진에 해당하는 것이 DBTL이다. DBTL은 과학지식을 난제를 해결하는 아이디어와 활용할 수 있는 여러 가지 기술을 연결하고 융합하는 다리다. DBTL을 수행하는 사이클을 시작하기 전 난제를 풀어갈 아이디어의 실행 방향을 설정하는 것이 중요한데, 그 이유는 이 방향에 따라 많은 것들을 새로 개발해야 하며 만약 도중에 설정한 방향에 문제가 발견되면 많은 것들을 다시 만들어야 하므로 시간과 비용이 늘어나는 큰 위험이 따르기 때문이다.

DBTL의 사이클이 반복될 때마다 문제해결에 접근한 정도(진척도)를 측정한다. 딥테크 접근 방식에서 DBTL 사이클의 진가가 나타나는 것은 새로운 하나의 핵심 혹은 돌파 기술을 융합하여 그 효과를 측정할 때다. 한꺼번에 여러 기술을 융합하면 문제가 발생했을 때 어느 부분이 문제가 되는지 알기 어려울 수 있고, 문제가 없는 경우에도 결과를 더욱 개선하고 싶을 때 어느 기술을 조정해야 하는지를 알기 어렵다. 사이클이 반복될 때마다 기술을 하나씩 융합하고 그 결과를 평가하고 학습하게 되면 각 기술의 기능과 효과를 명확하게 알 수 있다. 그 결과 여러 기술을 효과적으로 조합해 최적화함으로써 난제 해결 과정의 효율을 극대화할 수 있다.

사이클이 진행되는 동안 새로운 기술이 융합되어 결정적인 난관을 돌파하면 그 효과는 더욱 커진다. 일반적으로 기술혁신에서 괄목할만한 성과들은 대부분 두 가지 이상 서로 다른 영역의 기술이 융합되었을 때 나타난다. 신기술을 융합했을 때 나타나는 첫 번째 효과는 당면한 문제를 해결하는 데 필요한 최고의 기술이 도출되는 것이고, 두 번째 효과는 DBTL 사이클이 반복됨에 따라 서로 다른 기술을 효과적으로 조합하는 과정에서 서로 강하게 의존하고 강화하게 되는 것이다.

DBTL 단계별 주요 내용은 다음과 같다.

설계(Design)

난제를 해결하는 첫 번째 과정이다. 설계 단계는 혁신 프로세스 중 가장 큰 가치를 창출하는 핵심 단계다. 지금까지 축적된 많은 정보와 컴퓨팅(연산) 역량을 활용하여 새로운 과학 발견을 구현할 부품이나 모듈, 시스템 등을 설계해야 한다. 시스템 설계에는 하드웨어 요소뿐만 아니라 소프트웨어적인 요소가 포함된다. 강력한 성능을 가진 컴퓨팅 장비와 함께 많은 정보에 더 빠르게 적은 비용으로 접근할 수 있게 됨에 따라 가설을 기반으로 한 설계 프로세스가 빠르게 발전하고 있다. 지난 10여 년 동안 더 많은 정보와 더 많은 개방형 소스에 빠르게 접근할 수 있게 된 덕분에 새로운 설계에 필요한 여러 분야 간 협업이 촉진되었다.

새로운 신기술 영역에 개방형 혁신이 진행되고 있어서 합성생물학, 첨단소재, AI 등과의 융합이 확대되고 있다. 더욱 빠르고 비용이 저렴하며 전문화된 컴퓨팅 장비를 사용하여 첨단소재, 분자, 영상과 소리, 아키텍처와 같은 분야에서 새로운 모델을 훨씬 쉽게 설계할 수 있게 되었다. 또한 컴퓨팅을 더욱 폭넓게 활용할 수 있게 됨에 따라 설계할 수 있는 대상의 범위가 확장되어 분자의 기능을 예측하고 독성이 있는 분자를 미리 걸러낼 수 있게 되었다. 시제품을 스캔해 성능 데이터를 실시간 제공해주는 센서를 장착할 수 있고, 스캔한 데이터는 설계 프로세스로 환류하여 설계를 변경하거나 새로운 제품을 설계하는 자료로 활용한다.

이렇게 첨단기술과 기술정보에 대한 접근성이 향상됨에 따라 많은 비전문가가 폭넓은 전문지식이 없어도 설계 단계에 직접 참여할 수 있게 되었다. 향후 양자컴퓨터는 대규모의 새로운 연산 기능을 제공할 것으로 예상되며 엄청난 양의 정보를 처리하는 속도가 기하급수적으로 빨라져 컴퓨팅으로 설계할 수 있는 영역이 더욱 확장되고 소요시간이 획기적으로 짧아질 것이다. 양자컴퓨팅은 향후 바이오제약, 화학, 재료 설계, 유체역학과 같은 분야에 큰 영향을 미칠 것으로 예상된다.

구축 및 시험(Build & Test)

최적화된 설계를 기반으로 (시)제품을 제작하고 시험하는 단계다. 이 단계에서는 제품 플랫폼 및 로봇 프로세스가 더욱 자동화되고, 비용이 감소한 덕분에 엄청나게 작은 크기의 규모의 경제, 빠른 속도 및 대용량 처리, 훨씬 향상된 정밀도를 확보할 수 있게 되었다. 대규모 사용자 커뮤니티는 여러 딥테크 분야에서 3D 프린팅과 같은 새로운 플랫폼을 활용하는 동시에 플랫폼이 더욱 발전하는 데 이바지하고 있다. 이런 발전 덕분에 소규모 신생기업이 자체적으로 개발하기에는 비용이 너무 많이 들고 시간이 오래 걸리거나 접근이 어려웠던 기술을 쉽게 개발할 수 있게 되었다.

클라우드 컴퓨팅 플랫폼, 합성생물학 재료 플랫폼, 공유 공간을 활용해 새로운 제품을 설계하고 제작해 테스트할 수 있다. 로봇 프로세스가 자동화되어 인간에서 로봇으로 시험에 필요한 정보가 전송되고 시험 과정이 자동으로 실행된다. 시험은 연중무휴 24시간 연속으로 실행되고 오류가 적으며 멀티태스킹이 가능해져 시험 횟수가 대폭 늘어남에 따라 성능이 개선된 솔루션을 더욱 빠르게 얻을 수 있다.

학습(Learn)

AI와 함께 다른 첨단기술을 활용해 설계, 제작, 시험의 내용을 학습하는 속도가 빨라진다. 디지털 플랫폼과 IoT 센서가 제작 및 시험 단계에서 정보를 생성하고 생성된 정보를 수집해 처리하는 속도가 가속됨에 따라 엄청난 양의 데이터를 활용하여 기계학습 알고리즘을 실행하고 개발 중인 제품이 가진 특성과 시험 결과를 학습할 수 있다. 알고리즘 실행을 통해 어떤 유형의 제품이 적합하고 적합하지 않은지를 학습할 수 있으며, 피드백 순환 경로를 통해 학습한 결과를 다음 설계 단계로 자동으로 환류한다.

이런 환류로 학습 속도가 기하급수적으로 빨라지며 몇 주나 몇 달 걸리던 학습 시간이 하루, 짧게는 몇 분으로 줄어든다. 또한 신기술을 개발하는 경쟁이 학습 속도 경쟁이 됨에 따라 학습 속도는 경쟁력을 결정하는 가장 중요한 요소가 되었다. 한편 컴퓨팅 장비의 가격이 낮아지고 컴퓨팅 비용이 크게 줄어든 것이 학습 속도 경쟁을 유발하는 강력한 동기가 되었다. 컴퓨팅 역량이 향상된 덕분에 기계학습의 속도가 빨라지고, 학습 프로세스의 확장성이 커져 학습 범위가 기존 경계를 넘어 확장되었으며, 즉석에서 학습하고 곧바로 적용하는 능력이 향상되었다.

학습 단계의 효율성은 궁극적으로 딥테크 접근 방식을 활용하는 수준에 달려 있다. 설계 단계에서 창의적일수록 더 나은 솔루션을 많이 얻을 수 있다. 현재 사이클에서 향상된 제작 능력과 시험 기능을 학습한 결과를 다음 사이클에서 활용해 훨씬 더 많은 데이터를 생성할 수 있다. 직전 사이클에서 AI와 기계학습을 통해 얻은 모든 데이터를 차례로 활용한다. 궁극적으로 DBTL 사이클과 자동화된 피드백 순환경로를 거쳐 생성된 정보는 다음 사이클을 설계하는 데 활용된다. 이런 과정을 거쳐 DBTL 사이클을 선순환하게 만들면 한 단계 한 사이클씩 진전될 때마다 개발품(제품)의 완성도는 높아지고 성능이 향상되며 최종 목표에 접근하게 된다.

DBTL이 추구하는 방향

DBTL 사이클을 시작하기 전 어떤 방향을 향해갈 것인가를 미리 정하는 것이 매우 중요하다. 그런 방향 중 빼놓을 수 없는 것중의 하나가 탄소중립을 지향하는 것이며 탄소중립을 실현하기위해 어떤 방식(기술)을 채택할 것이냐를 정하는 것이다. 지구에서가장 환경친화적인 프로세스는 자연 생태계에서 벌어지는 과정이다. 즉, 자연 생태계는 장구한 세월 동안 진화하면서 지구 환경에 맞춰 가장 최적화된 형태다. 만약 자연계와 같은 환경친화적인산업시스템으로 탄소중립 패러다임을 구축할 수 있다면 기후변화난제를 해결할 수 있을 것이다.

비록 자연계 시스템이 완전한 생태계라고 하더라도 그것을 복제해 자연적인 것을 추구하는 것 자체만으로는 탄소중립에 도달하기 어렵다. 왜냐하면 자연계 시스템이 적은 에너지, 낮은 강도의 에너지를 사용하고 물질의 낭비가 적으며 폐기물이나 탄소를적게 배출하는 장점이 있긴 하지만 매우 작은 시스템들이 분산된형태로 존재하며 매우 느리게 진행되므로 우리에게 필요한 현재와 같은 생산성을 확보할 수 없기 때문이다. 자연적인 생산방식으로는 80억 명에[103] 달하는 인류를 부양하는 데 필요한 재화를 충분히 만들어낼 수 없다. 따라서 자연계에서 힌트를 얻어 새로운 기술을 개발하되 자연계가 가진 단점인 느린 속도를 극복하는 방법을 찾아야 한다. 즉, 자연계의 프로세스를 닮은 공정으로 빠른 속도(speed), 대규모(scale), 넓은 범위(spanning)의 숙제를 풀어야 한다. 이게 바로 딥테크식 접근방식에서 풀어야 할 과제다. 자연의 프로세스에서 얻은 지식을 바탕으로 새로운 프로세스를 설계하고 단계적으로 자연계와 같은 프로세스로 접근시켜 가야 한다. 여러 인자의 개별적인 기능과 그들 간 상호작용을 이해하면서 매우 복잡한 과정을 최적화해야 하므로 DBTL의 접근방식이 효과적일 수 있다.

다른 공학적 해결 방식과 다른 점

DBTL식 공학적 해결 과정은 혁신 신제품 개발에서 많이 활용하는 린(lean) 방식이나 최소변수제품(MVP(minimum variable product)) 방식과 차이가 있다. 린 방식이나 MVP 방식은 핵심 기능만을 넣은 별도의 시제품을 만들어 시장(고객)의 반응을 조사한 후 그 결과를 반영해 제품을 개선한다. 하지만 DBTL 방식은 완성될 최종제품, 즉 완제품을 미리 염두에 두고 단계별로 기술을 완성해가며 도중에 별도의 시장(고객)의 반응을 조사하지 않는다. 전자는 시제품의 반응을 조사할 시장과 고객이 있지만, 후자는 핵심 기능만을

---

103 2022년 11월 15일 기준 80억 명(위키백과).

탑재한 시제품을 별도로 만들기 어려울 뿐만 아니라 시제품을 평가할 고객이나 시장이 존재하지도 않는다. 핵융합로나 초음속 여객기와 같은 딥테크 시스템은 전체 완제품의 규모를 축소한 시제품을 만들어 최종 완제품이 가져야 할 성능을 평가할 수는 있으나 핵심 기능만을 넣은 시제품을 제작할 수는 없다.

자연을 벤치마킹 – 자연 공동 디자인
(Nature co-design)

기후변화에 대응하는 새로운 패러다임이 추구하는 것은 지속 발전(성장)이 가능한 선순환 생태계를 구축하는 것이다. 자연을 파괴하거나 자연이 스스로 회복할 수 없는 방향으로 진행된, 자연에서 멀어지는 지금까지의 방법으로는 지속 가능한 생태계를 구축할 수 없다. 따라서 딥테크 생태계는 지금까지의 기술 발전 방향을 획기적으로 전환해 파괴된 자연을 회복하고 자연과 공존하는 방향을 지향해야 한다.

자연계의 프로세스를 쫓아 기후변화 난제를 극복하는 것은 좋지만, 계속해서 증가하는 세계 인구를 부양해야 하는 현실을 무시할 수도 없다. 삶의 질을 희생시키지 않으면서 환경과 조화되는 선순환 생태계를 구축할 방안을 찾아야 하므로 어려움이 있을 수밖에 없다. 따라서 자연에서 힌트를 얻고 자연을 모방하더라도 자연에서의 과정보다 더 빠르면서도 부정적인 효과를 낳지 않는 방법을 찾아야 한다. 자연의 메커니즘을 이해하고 거기에 새로운 과학적 지식을 적용해 자연의 장점을 살리면서도 현실적으로 필요한 효율성을 충족하는 솔루션을 찾아야 한다.

세계 인구를 부양하는 데 필요한 식량 생산을 늘리는 문제를 예로 들어 보자. 그동안 급격하게 증가해온 세계 인구를 먹여 살릴 수 있었던 것은 앞에서 설명하였듯이 하버-보슈법으로 제조한 암모니아를 사용해 만든 질소 비료를 뿌려 농산물의 생산을 늘릴 수 있었기 때문이다. 그러나 이 방법은 지금까지는 식량 문제를 해결하는 솔루션이 될 수 있었지만, 많은 탄소를 배출하고 환경을 오염시키는 문제를 안고 있어서 더 이상 지속 가능한 솔루션이 되지 못한다. 또한 현재의 질소 활용 방식은 식물의 질소 사이클이 보여주는 효율의 절반에도 미치지 못할 만큼 질소를 활용하는 효율이 낮아서 과량의 질소 비료를 사용하게 된다. 만약 콩과 식물의 뿌리혹박테리아가 공기 중의 질소를 고정하는 것과 같은 방법으로 질소를 대량으로 값싸게 고정하는 방법이 개발된다면 100년 이상 사용해온 하버-보슈법이 안고 있는 탄소배출과 과량의 질소 비료를 사용하는 것에서 오는 토양 및 하천 오염의 문제를 해결할 수 있을 것이다. 딥테크 스타트업인 피벗 바이오(Pivot Bio)와 조인 바이오(Joyn Bio)는 유전자 편집기술을 활용하여 콩과 식물의 뿌리에 사는 박테리아의 유전자를 변형해 질소를 직접 고정할 수 있음을 발견하였다. 이 결과를 대규모로 사업화할 수 있다면 하버-보슈법이 가진 문제를 해결하고 새로운 농업혁명을 불러올 수 있을 것이다.

곡물이나 석유 등 에너지, 공업제품을 운송하는 해운 역시 탄소를 많이 배출하는 영역이다. 바닷물에 잠기는 화물선의 표면에 따개비 등 여러 가지 조류들이 단단히 달라붙어 자라게 되면 선박 운항 시 큰 마찰저항을 유발해 연료 소비를 늘리게 되므로 많은 양의 탄소를 배출한다. 조류가 달라붙는 것을 방지하기 위해 독성이 강한 페인트를 쓰게 되면 바다를 오염시키게 된다. 이런 문제를 해결하는 방법 역시 자연에서 힌트를 얻을 수 있다. 연잎 표면에서 이슬이 맺히지 않고 굴러 떨어지는 것이나 상어 피부의 마찰저항이 대단히 낮은 것에서 힌트를 얻어 선박 표면의 구조를 설계할 수 있다. 공식 대회에서 착용이 금지되긴 했지만 전신 수영복이나 가정의 결로방지 페인트에서 채택하고 있는 것과 같은 원리다. 마이크로-나노 구조가 조합된 선박 표면을 설계해 조류가 달라붙지 못하게 하는 동시에 마찰저항을 크게 줄일 수 있다. 일부가 분해되어 바다에 들어가더라도 해양 생태계에 영향을 주지 않는 첨단소재를 융합하면 더욱 좋은 결과를 얻을 수 있다. 지금까지 그런 시도는 다양하게 있었으나 비용이 많이 들어 채택되기 힘들었다. 그러나 기후변화, 즉 탄소배출을 줄이는 것과 환경보호에 초점을 맞춘 딥테크 관점에서는 비용을 상쇄할 수 있는 요인들이 있으므로 새로운 가능성을 가질 수 있다.

보스턴 컨설팅 그룹은 자연에서 힌트를 얻어 제품을 설계하는 이런 방향을 '자연 공동 디자인(nature co-design)'[104]으로 명명하고 있다. 자연 공동 디자인은 자연계에서 관찰할 수 있는 형태나 프로세스에서 힌트를 얻거나 자연을 모방해 유사한 형태나 프로세스를 만드는 이른바 '자연에서 영감을 받은 설계(nature-inspired design)'나 '생체모사 설계(bio-mimetic design)'와 유사한 의미를 담고 있다. 자연 공동 디자인에서는 새로운 솔루션을 만들어내기 위해 원자 수준에서 유기물이나 무기물을 다루며, 첨단 제조역량을 활용해 자연의 원리를 공학적으로 구현하는 솔루션을 개발하고 그 솔루션을 비즈니스로 전환하기 위해 DBTL식 접근을 활용한다.

자연 공동 디자인이 지향하는 것은 자연에서 힌트를 얻어 새로운 구조를 가진 솔루션을 설계하고 첨단 제조기술을 이용해 솔루션을 구현하는 것이다. 이전의 생체모사 관련 연구는 주로 생체가 갖고 있는 물리적인 구조를 모방하여 기계적 혹은 광학적 기능을 구현하는 것이 중심이었다. 딥테크 영역에서 생체모사 관련 연구는 생체의 대사기능을 모사하여 생체와 같거나 유사한 방법으로 환경에 대한 부작용 없이 물질을 합성하는 데 초점을 맞추는 것이며 합성생물학이 필요한 기반을 제공하게 될 것이다.

사람의 간은 약 700여 종의 효소를 만들어내며 마치 하나의 거

---

104 Nature co-design: a revolution in the making, BCG & Hello Tomorrow.

대한 정밀화학 산업단지와 같다. 간이 효소를 생산하는 과정을 분자생물학이나 합성생물학적으로 모방해 산업화할 수 있다면 인체 친화적인 것은 물론 환경친화적인 수백 개의 새로운 화학공장이 만들어지게 될 것이다. 그 외에도 다양한 생물기관을 이용해 여러 가지 물질을 제조하려 시도하고 있다. 최근 대장균이나 유산균 같은 세균이나 식물의 효소를 이용해 유용한 물질을 제조하는 기술이 종종 발표되고 있다.

이런 자연 공동 디자인이 가능하게 된 것은 DNA와 같은 생체물질을 합성하고 변형하는 합성생물학, 개별원자 수준에서 물질을 다루는 나노기술, 새로운 분자구조를 설계하는 컴퓨팅 및 기계학습 등 새로운 과학기술이 발전함에 따라 이전에는 불가능했던 새로운 구조(물질)나 프로세스를 적은 비용으로 신속하게 구현할 수 있게 되었기 때문이다.

8장 :

딥테크 스타트업의 성공 전략

DEEP TECH

딥테크 비즈니스에서 성공을 끌어내는 주체는 기업이다. 딥테크는 도전적인 기업의 활동을 통해 현실이 된다. 딥테크 스타트업이 성공해야 거기에 자금을 댄 투자자가 성공할 수 있고 정부는 각종 난제를 해결할 수 있다. 궁극적으로 딥테크 산업이 광범위하게 확산되어야 새로운 패러다임이 자리 잡을 수 있고 지구 전체가 기후변화의 영향에서 벗어나 지속 가능한 성장을 이어갈 수 있다.

딥테크 스타트업의 활동 목표는 난제를 해결하는 비전을 달성하고 상업적 이익을 창출하는 것이다. 앞서 보았듯이 딥테크 스타트업은 여러 난관을 차례로 돌파하고 비즈니스에 성공해야 하므로 그 과정에서 많은 위험을 극복해야 한다. 딥테크 스타트업이 극복해야 할 위험을 알아보고 해소할 방안을 알아본다.

딥테크 위험

위험 파악

딥테크 스타트업은 새로운 과학적 발명을 실제로 활용이 가능한 기술 혹은 제품을 생산하는 산업 수준까지 발전시켜 글로벌 난제나 사회경제적 난제를 해결하고 새로운 시장을 창출해야 하므로 큰 위험을 감내할 수밖에 없다. 딥테크 스타트업이 비즈니스에 성공하기 위해서는 기술, 사업모델, 양산에 관련된 다양한 위험을 극복해야 한다.

첫째는 기술 위험이다. 기술 위험은 기술을 개발하는 데 실패하는 것에서 오는 위험을 말하며 다른 어떤 위험보다도 치명적이다. 제품 개발 도중 정보의 환류가 빠른 정보통신기술과 달리, 딥테크에서는 오랜 기간이 소요되는 제품 개발과정에서 중간 결과를 짧은 기간 내에 얻을 수 없으므로 개발 도중 치명적인 오류를 미리 파악해 환류하기가 쉽지 않고, 기술개발 도중 중대한 오류가 발견되더라도 오류를 수정하거나 계획을 크게 변경하기가 쉽지 않다. 또한 딥테크가 새로운 장비와 공정을 개발해야 하는 등 어려운 공학적 난관을 극복해야 하는 과정에서 부딪히는 기술 위험은 종종 시스템 위험의 형태로 나타난다. 시스템 위험은 실험실에서 소규모로 제작한 시제품은 기능을 제대로 발휘하지만 양산된 실제 제품은 제대로 작동하지 않거나 하나의 결정적 기술(돌파 기술)이나 특허(지식재산권)만으로 목표로 하는 성능을 발휘하지 못하고 몇 개의 핵심 요소 기술을 추가한 후에야 목표를 달성할 수 있게 되는 것을 말한다. 즉, 양산한 제품이 온전한 기능을 발휘하지 못하거나 핵심 요소 기술의 부족으로 제품이 완성단계에 이르지 못하게 되는 위험을 말한다. 시스템 위험은 DBTL의 과정에서 미리 잡아내지 못한 결점에 원인이 있을 수 있다.

둘째는 사업모델에서 오는 위험이나 시장 실패에서 오는 위험이다. 딥테크는 개발 초기 고객을 특정하기가 쉽지 않고 경제성을 확보하기가 대단히 어렵다. 정부 혹은 국방이 우선적인 고객이 되는 일부 분야를 제외한 다른 분야에서는 고객을 특정하기 어려우므로 사업모델을 구체화하기가 쉽지 않다. 너무나 새롭고 생소한 제품인 까닭에 시장이 존재하지 않으므로 가격을 책정하는 데 참고할 자료가 없을 뿐더러 어떤 고객에게 어떻게 팔아야 할지를 알고 있는 사람도 거의 없다. 특히 딥테크 스타트업을 구성하는 핵심 인력의 대부분이 시장의 성격을 이해하는 데 익숙하지 않은 과학기술 분야의 전문가들이라는 점도 사업모델 위험을 키우는 요인이 될 수 있다.

셋째는 양산 위험에 해당하는 시생산(파일럿) 혹은 사이클 위험이다. 딥테크 스타트업의 제품은 대부분 대기업 혹은 정부가 수요자인데 이들은 스타트업처럼 빠르게 움직이지 않으며 의사결정 과정이 길어서 최종 결정까지 오랜 기간이 소요되기도 하므로 하나의 제조 사이클을 소화하는 데 수년이 걸리기도 한다. 따라서 비즈니스 포트폴리오가 다양하지 않고 자금력이 충분하지 않은 대부분의 딥테크 스타트업은 완성된 상업제품을 공급하는 단계에 도달하기도 전에 유동성 부족으로 폐업에 이를 수도 있다. 심지어 대기업은 딥테크 스타트업이 가진 혁신적인 아이디어를 확인하는 데에는 관심이 있지만, 제품을 실제로 양산해 신기술의 가치를 입증하기 전에는 개발에 들어가는 비용을 분담하거나 선구매하는 것에 소극적이어서 딥테크 스타트업이 성장하는 데 도움이 되지 않는 경우가 많다.

위험 축소

딥테크 스타트업이 안고 있는 위험이 대단히 큰 만큼 한꺼번에 줄일 방법을 찾기는 어렵고 여러 단계에 걸쳐 점차 줄여갈 수밖에 없다. 위험을 축소하는 단계가 순차적으로 혹은 복합적으로 연결돼 있으므로 다양한 전략을 구사할 필요가 있다.

첫째는 목표를 설정하는 과정에서 위험을 줄이는 것으로, 문제 해결의 관점에서 이슈를 정확히 정의하는 것이 중요하다. 예를 들어 글로벌 이슈인 기후변화는 한 번의 시도로 간단히 해결할 수 없다. 탄소중립에 영향을 미치는 여러 요인의 상대적인 영향을 확인하고 난제가 해결되었을 때 얻게 될 파급효과를 구체적으로 가늠해봐야 한다. 분석한 결과로부터 파급효과가 큰 순서대로 목표를 도출해내야 한다. 목표가 분명할수록 극복해야 할 위험 또한 분명해지므로 위험을 그만큼 줄일 수 있다. 파급효과가 가장 큰 목표에 우선 집중하고 단계적으로 확장해가는 것이 효과적이다.

둘째는 기술 위험을 줄이는 것이다. 해결해야 하는 목표를 달성하는 데 결정적인 장애가 될 가능성이 있는 기술 요소를 파악한다. 현존하는 기술로도 해결할 수는 있지만 양산에 어려움이 있거나 높은 제조비용이 문제가 되는 것인지 아니면 현존하는 기술이 없어서 새로운 과학적 발견에서 답을 찾아야 하는 것인지를 먼저 확인한다. 전자에 해당한다면 제조공정을 혁신할 돌파 기술을 찾아야 하며, 후자에 해당한다면 과학적 성과 중에서 활용 가능한 새로운 발견(지식)을 찾아야 한다.[105] 새로운 과학적 발견이 있다 하더라도 발견을 현실로 바꿀 아이디어가 있어야 하며 아이디

---

105 전자는 기존의 과학이나 기술을 심화하거나 융합해 돌파 기술을 만들어내는 것을 말하며, 후자는 (새로운 과학지식을 만들어내기 위해 기초연구를 수행하는 것이 아니라) 기존의 기초연구를 통해 나온 과학적 성과를 활용하는 것을 말한다.

어의 구체성을 객관적으로 검토해야 한다. 여기에는 성공 가능성과 함께 기술을 개발하는 데 들어가는 재원의 규모와 기간이 포함되어야 하고, 활용해야 할 주변 기술의 준비 수준(성숙 정도)에 대한 분석이 따라야 한다. 분석 결과를 종합해 최종적으로 기술을 완성하기까지의 기술개발의 우선순위와 개발 시기, 기술 간의 상호 관계, 제조원가, 생산량 등이 포함된 기술 로드맵을 작성해야 한다. 한편 양산 단계에서 발생할 수 있는 시스템 위험에도 대비해야 한다. 양산 제품의 품질을 체계적으로 관리하기 위해 DBTL의 사이클마다 개발하는 기술의 표준화와 품질관리 매뉴얼이 마련되어야 하며 이를 바탕으로 통합 매뉴얼을 만들어야 한다.

셋째는 시장 위험을 줄이는 것이다. 기술이나 제품의 수요자가 누구인지를 파악하고 요구사항이 무엇인지를 파악해야 한다. 수요자를 정확히 특정할 수 없더라도 기술 진척 단계별로 잠재적인 수요자를 설정해야 한다. 수요자가 일반인, 기업, 정부인가에 따라 요구하는 내용이 다르므로 수요자에 따라 시장 위험의 성격이 달라진다. 수요기업이 중소기업 혹은 대기업인가에 따라 위험의 성격이나 대응하는 방식에 차이가 있다. 잠재시장의 규모 역시 중요하며 경쟁기술 혹은 대체기술에 대한 분석이 필요하다. 잠재시장이 크고 경쟁기술이나 대체기술이 나타날 가능성이 큰 경우 시장을 선점함으로써 얻을 수 있는 효과에 주목해야 한다. 반대로 대체기술이 나타나기 힘들고 잠재시장이 작거나 뚜렷하지 않은 경우 초기 제품의 신뢰도를 높이기 위해 무결점 전략을 추구하는 것이 필요하다.

넷째는 환경 위험을 줄이는 것으로, 글로벌 동향이나 정책의 동향을 파악해 위험을 분석하는 데 반영해야 한다. 국가나 대기업 모두 글로벌 이슈의 동향에서 벗어날 수 없다. 따라서 정부는 글로벌 동향에서 유리한 위치를 선점하기 위해 여러 정책을 선제적으로 펼 수밖에 없다. 기업은 글로벌 동향과 함께 관련된 정부 정책을 파악해 기술개발 혹은 시장 개척에 적극적으로 활용해야 한다. 글로벌 동향이나 정부 정책의 흐름에서 벗어난 딥테크는 재원 확보나 제도적 뒷받침을 받기 어려우므로 살아남기가 쉽지 않다.

다섯째는 지속 가능성에 대한 위험이다. 딥테크 비즈니스는 장기간에 걸쳐 투자유치, 문제해결(엔지니어링), 지식 공급, 시장 창출(공급망 구축)이 필요하므로 긴밀한 네트워크나 생태계를 폭넓게 구축할 필요가 있다. 이런 생태계가 원활하게 작동하지 않으면 딥테크 스타트업이 안정적으로 성장하기 어렵다. 생태계 구축에는 대기업이 딥테크 스타트업과 협업하거나 합리적인 방법으로 인수·합병하는 것을 장려하는 제도 개선도 포함된다. 딥테크 비즈니스의 지속 가능성을 해치는 위험은 기업 내부의 인적 구성에서 올 수도 있다. 특정 전문성만으로 비즈니스를 수행하기는 쉽지 않으므로 임원 구성에 있어 주요 기술영역의 전문성뿐만 아니라 경영, 시장, 영업 등의 전문성을 차례로 확보해야 한다.

위험 진단 프로세스

딥테크 스타트업이 안고 있는 위험을 체계적으로 줄이기 위해 서는 딥테크 개발에 착수하기 전 혹은 딥테크 스타트업을 창업하기 전 위험의 종류와 정도를 미리 진단하는 프로세스가 있어야 한다. 성공적인 돌파 혁신을 창출하는 기관으로 잘 알려진 DARPA 가 사용하는 방법이 하나의 예시가 될 수 있을 것이다.

조지 하일마이어(George Harry Heilmeier) 질문(Heilmeier catachism)과[106] 같은 각 조직의 특성에 맞는 위험을 평가하는 방법이 있어야 한다. 하일마이어의 질문은 다음과 같다. ① 무엇을 하고자 하는가? 전문 용어를 사용하지 않고 목표를 명확히 설명해보라. ② 현재는 어떻게 하고 있으며 현재 기술의 한계는 무엇인가? ③ 접근방식에서 새로운 점은 무엇이며, 성공할 것으로 생각하는 이유는 무엇인가? ④ (이 일에) 관심이 있는 사람은 누구인가? 성공하면 어떤 차이가 생기는가? ⑤ 위험요인과 얻게 될 보상은 무엇인가? ⑥ 비용은 얼마나 드는가? ⑦ 기간은 얼마나 걸리는가? ⑧ 성공을 판단할 수 있는 중간 및 최종 평가 방법은 무엇인가?

첫 번째 질문은 해결해야 할 이슈가 무엇인지를 묻는 것이다.

---

106 What are you trying to do? Articulate your objectives using absolutely no jargon. ; How is it done today, and what are the limits of current practice?; What's new in your approach and why do you think it will be successful?; Who cares? If you're successful, what difference will it make?; What are the risks and the payoffs? How much will it cost?; How long will it take?; What are the midterm and final "exams" to check for success?

특별한 기술일지라도 웬만한 사람이면 누구나 쉽게 공감할 수 있는 설득력 있는 목표여야 한다.

두 번째 질문은 해결해야 할 난제, 즉 돌파(breakthrough)가 필요한 부분이 무엇인지를 묻는 것이다. 현재 안고 있는 난제를 해결하지 못하고 있는 한계를 정확히 정의할 수 있어야 한다.

세 번째 질문은 새로운 아이디어(breakthrough idea)의 내용과 타당성을 묻는 것이다. 문제해결에 접근하는 방법이 기존의 방법과 구별되는 차별성 혹은 독창성과 실현 가능성을 확인하는 질문이다.

네 번째 질문은 핵심 이해당사자가 누구인지와 성공으로 이해당사자가 얻게 될 효과를 묻는 것이다. 문제해결이 필요한 주체와 문제가 해결되었을 때 이해당사자에게 나타날 차이를 확인하는 질문이다. 난제 해결에 성공할 가능성이 크고 난제가 해결되었을 때 이해당사자에게 생기는 차이, 즉 난제를 해결하지 않고 방치했을 때 생기는 문제를 묻는 말이다.

다섯 번째는 장애가 될 수 있는 잠재적 요인과 성공으로 얻게 될 보상을 묻는 것이다. 딥테크의 특징인 고위험 고수익(high-risk/high-payoff)형에 해당하는가를 묻는 말이며, 난제 해결로 얻게 될 이익이나 가치가 무엇인지를 묻는 질문이다.

여섯 번째와 일곱 번째는 각각 필요한 구체적인 예산 규모와 소요 기간, 즉 구체적인 사업 규모를 묻는 것이다.

여덟 번째는 프로그램을 실행하는 도중이나 프로그램이 종료되는 시점에 성공 여부를 평가할 수 있는 명확한 기준이나 프로세스가 무엇인지를 묻는 것이다. 프로그램 수행 도중 성과를 정확히 평가할 수 없으면 체계적으로 관리하는 것이 불가능하므로 평가 방법이 구체적이어야 한다는 의미다.

간단한 질문처럼 보이지만 여러 가지 분석의 결과가 확실해야만 질문에 충실하게 답할 수 있다. 특히 비즈니스의 목적인 난제 해결에 대해 확실한 비전을 갖고 있어야만 일련의 질문에 일목요연한 답을 내놓을 수 있다.

딥테크 스타트업의 성공 전략

딥테크 스타트업은 딥테크 비즈니스를 실행하는 주체로서 많은 난관을 뚫고 성공해야 한다. 많은 난관(위험)을 극복해야 하므로 치밀한 전략 없이는 성공하기 쉽지 않다. 딥테크의 성격상 딥테크를 비즈니스로 삼을 수 있는 기업은 창업기업(스타트업)이거나 기존의 중견 이상 대기업일 수밖에 없다. 기존의 중소기업은 창업 수준으로 전환하지 않는 이상 딥테크 영역에 뛰어들기가 매우 어렵다. 딥테크 스타트업과 대기업은 딥테크를 실행할 수 있는 환경이 서로 다르므로 각각의 성공 전략을 알아본다.

딥테크 스타트업

3장에서 활동 중인 여러 딥테크 스타트업을 소개한 바 있으며, 이들로부터 딥테크 스타트업이 성공하는 전략에 대한 힌트를 얻을 수 있다.

활동하고 있는 딥테크 스타트업의 대부분은 SDG나 탄소중립, 환경보호 등 글로벌 난제를 해결하는 것을 비전으로 하고 출발한 기업들이다. 대개는 탁월한 전문성뿐만 아니라 강한 기업가 정신으로 무장한 과학기술 혹은 공학 분야의 전문가가 중심이 되어 설립한 기업들이다. 비전문가는 난제 해결에 필요한 새로운 과학기술을 이해하기가 쉽지 않을 뿐더러 공학적 난관을 풀어가기도 쉽지 않다. 딥테크 스타트업은 쉽게 모방하거나 다른 사람이 따라오기 힘든 전문성과 아이디어를 갖고 있다는 점에서 기술적으로는 유리한 측면이 있으나, 앞서 보았듯이 성공하기까지 오랫동안 큰 재원을 유치해야 하고 많은 새로운 시장을 창출해야 하는 불리한 측면을 동시에 갖고 있다. 물론 이런 어려움을 뚫고 비즈니스에 성공하면 유니콘 기업으로 성장하는 신화를 만들 수 있다. 3장의 여러 사례에서 볼 수 있듯이 딥테크 스타트업이 창업 후 실제 제품을 시장에 내놓기까지 대략 15년 정도가 걸린다. 그동안 여러 단계에 걸쳐 큰 투자를 유치하기 위해서는 설득력 있는 비즈니스 모델이 있어야 하며 단계별로 투자자나 이해당사자에게 성공을 확신시켜 줄 수 있는 구체적인 성과를 보여주어야 한다.

딥테크 스타트업의 성공을 결정하는 첫 번째 열쇠는 비전과 목표, 아이디어와 실행방안이다. 비전과 목표가 원대한 만큼 투자자가 성공을 확신할 수 있도록 아이디어와 실행방안이 구체적이어야 한다. 먼 미래의 비전만으로 '지금' 돈을 넣어야 하는 투자자를 설득할 수는 없다. 최종 비전을 달성하기까지 단계별로 로드맵이 포함된 비즈니스 모델을 제시해야 한다. 화성에 기지를 건설하는 것이 엄청난 비즈니스가 된다 해도 그 이전에 수익을 가져다줄 중간 단계의 비즈니스 모델이 없으면 큰 투자를 유치하기 힘들다. 일론 머스크는 인공위성 발사 대행, 스타링크 운영 등 비즈니스 모델의 성공을 디딤돌로 하여 최종적으로 화성에 가는 비전을 실행해나가고 있다.

두 번째는 최고경영자(CEO)의 역량이다. 딥테크 스타트업에서 CEO의 대부분은 해당 분야의 전문가다. 따라서 CEO의 전문성은 논외로 해도 어느 정도 무방하다. CEO는 비전 제공자(vision provider)이자 설득력 있는 이야기꾼(story teller)이어야 한다. 또한 행동으로 약속 이행을 보여주는 행동가여야 한다. 그래야만 투자자들이 신뢰하고 투자에 나선다. 일론 머스크가 테슬라, 스페이스X, 하이퍼튜브 등 딥테크 스타트업을 차례로 성공시켜온 일련의 과정이 딥테크 스타트업 CEO가 갖추어야 할 모습의 전형이다. CFS가 홈페이지에 핵융합로를 개발하는 계획과 과정을 상세하게 공개하고 있는 것도 약속을 실행하는 행동가의 모습을 보여주는 사례다.

세 번째는 내부조직 구성이다. 딥테크가 아무리 과학기술 기반이 중요한 비즈니스라 해도 전문성만으로 사업에 성공하긴 어렵다. 역설적으로 과학기술 기반이 중요한 만큼 다른 비즈니스 요소가 더 중요할 수도 있다. 따라서 과학기술 전문성 중심의 인적 구성보다는 비즈니스에 필요한 다른 전문성을 보완하는 인적 구성을 염두에 둬야 한다. 처음부터 대규모 인원으로 출발할 수 없으므로 로드맵에 따라 차례로 다양한 역량을 보완해야 하며 그 사이에는 외부와의 네트워크를 통해 취약한 부분을 보완해야 한다. 투자자 관점에서 기업의 인적 구성은 매우 중요한 판단 기준이 된다.

네 번째는 외부 네트워크 구축이다. 딥테크 스타트업이 실행하는 비즈니스의 근본적인 속성은 B2B(기업 대 기업 비즈니스)[107]이다. 따라서 딥테크 스타트업의 비즈니스는 대기업의 가치사슬 혹은 공급사슬에 영향을 받을 수밖에 없으며, 대기업의 대량생산 경험이나 시장 창출 역량을 활용하는 것이 절대적으로 필요하다. 대기업의 협력을 끌어내기 위해서는 기술정보와 진척 내용을 공개하여 신뢰를 쌓아야 한다. 대기업의 의견을 비즈니스에 적극적으로 반영하는 것도 필요하다. 한편 창업 시의 지식만으로 성공하기는 어려우므로 최신 지식을 계속해서 공급받을 수 있는 네트워크를 구축해야 한다. 창업자가 학업을 마치거나 소속기관을 벗어난 이후(spin-off)에는 소속기관과의 관계가 단절될 수 있으므로 다양한 전문성을 확보하기 위해 대학이나 연구소와 밀접한 관계를 유지해야 한다. 새로운 지식뿐만 아니라 전문인력을 확보하기 위해 꼭

---

107 딥테크 비즈니스는 주로 전방산업(upstream)에 해당하므로 후방산업(downstream)에서 비즈니스를 하는 대기업과 관련이 많다.

필요한 부분이다. 난제를 해결하는 과정에는 새로운 엔지니어링은 물론 기존 엔지니어링을 활용하는 것도 필요하므로 많은 기업과 협업하면서 가치사슬이나 공급사슬을 구축해나가야 한다. 투자자와의 네트워크를 통해 경영지원을 받을 수도 있다.

다섯 번째는 정부지원 등 외부의 공공지원을 적극적으로 활용하는 것이다. 신기술을 사업화하는 과정에서 부딪히게 되는 죽음의 계곡을 극복할 수 있도록 지원하는 다양한 제도와 인프라들을 우선 활용해야 한다. 특히 재원 확보가 어려운 비즈니스 초기에는 공공부문의 설비나 보육시설을 이용하는 것이 비용 절감에 큰 도움이 된다. 향후 정부는 딥테크와 딥테크 스타트업 육성을 가속할 수밖에 없으므로 그런 정책 환경을 적극적으로 활용해야 한다.

외부 네트워크 구축과 관련이 있는 비즈니스 생태계에 대해 좀 더 알아본다. 딥테크 스타트업의 성장은 지속 가능한 생태계를 어떻게 구축하느냐에 달려 있다. 딥테크 스타트업은 스스로 생태계를 조성하기 위해 다음과 같은 일[108]에 주목해야 한다.

첫째, 단기 목표보다는 최종 성공을 위해 여러 기업과 협력해야한다. 당면한 목표 이상을 생각해야 한다. 단기적으로 비슷한 비즈니스를 하고 있는 기업들도 궁극적인 목표가 다르면 서로 협력할 수 있고 시너지를 낼 수 있다. 지속적인 성장에 필요한 전체 생

---

108 Chip Delany (Blog): Kangaroo court: Partnering with deep technology startups.

태계의 발전을 위해 장기 비전을 수립해야 한다.

둘째, 기업의 가치를 높여줄 역량을 분명히 정의해야 한다. 자금뿐만 아니라 고객, 데이터, 네트워크, 멘토, 기술전문가에 적극적으로 다가가는 등 딥테크 스타트업이 생태계를 조성하기 위해 자신이 제공할 수 있는 것과 새로 형성될 시장에 가져다줄 가치가 무엇인지를 분명히 해야 한다.

셋째, 성공을 결정할 요소를 미리 확정하지 않는다. 딥테크 영역은 빠르게 진화한다. 성공적인 스타트업, 활용 동향, 비즈니스 모델을 확인하기 위해 생태계의 변화를 계속해서 모니터링해 성공 요소를 구체화하고 부족한 부분을 보완해야 한다. 성공을 결정하는 요소가 확정적일수록 신기술을 수용하는 다양성이 제한될 우려가 있으므로 유연해야 한다.

넷째, 파트너와의 경계를 허문다. 협력 파트너(기업)가 딥테크 스타트업이 실행하고 있는 내용을 쉽게 들여다볼 수 있게 해서 실행 중인 비즈니스에서 자신이 기여할 부분과 얻게 될 이익을 분명히 알 수 있게 함으로써 경영진이 확실한 지원 의지를 갖고 핵심 비즈니스에 관여할 수 있게 해야 한다.

다섯째, 의사결정 과정과 거버넌스(경영구조)를 간소화한다. 성공하기 위해서는 빠르게 움직이는 민첩함과 긴밀한 파트너십이 필요하므로 빠른 의사결정이 가능하도록 경영구조를 단순화해야 한다.

여섯째, 새로운 가능성을 찾는 노력을 계속해야 한다. 이전에 관련이 없어 보였던 영역이나 산업의 전문가를 연결해 더 쉬운 돌파 솔루션을 찾거나 공학적 해결 과정을 단축해야 한다. 이미 일반화된 기술도 다른 영역에서는 얼마든지 새로운 기술일 수 있다. 기술의 재발견이나 재발명이 시간과 비용을 줄이는 데 큰 도움이 될 수 있다. 경제적, 사회적 가치를 동시에 높여줄 게임 체인저형 기회를 찾기 위해 경계를 늦추지 말아야 한다.

대기업

대기업은 딥테크 비즈니스에만 집중하는 딥테크 스타트업과 달리 여러 가지 비즈니스를 동시에 하고 있으므로 딥테크 비즈니스 활동이 두드러져 보이지는 않을 수 있으나 딥테크 영역에서 중요한 위치(가치사슬 혹은 공급사슬)를 차지한다. 대기업은 딥테크를 활용해 새로운 사업 영역을 개척하거나 기존 제품과 프로세스를 변형하여 기존 사업의 형태를 근본적으로 변화시킬 수 있다.[109] 따라서 딥테크 비즈니스는 대기업에게도 큰 기회다.

SDG, ESG, 탄소중립 등 급변하는 비즈니스 환경이 기업, 특히 글로벌 비즈니스를 하는 대기업을 새로운 방향으로 전환할 수밖에 없도록 만들고 있다. 딥테크는 대기업이 새로운 비즈니스 환경으로 전환하는 수단이 될 것이다. 하지만 대기업은 딥테크 스타트

---

109 François Candelon, et al.: 'Deep tech' has become one of the most powerful use cases for A.I. in business. Here are 3 keys to making it work. (인터넷 검색 자료)

업과 달리 민첩성이 떨어지고 적어도 초기에는 규모가 작은 새로운 딥테크 비즈니스에 직접 뛰어들기 힘든 조건을 갖고 있다. 대기업의 길고 느린 의사결정 과정으로는 딥테크 스타트업만큼 효율적으로 성과를 내기 어렵다. 반면에 대기업은 딥테크 스타트업이 갖기 어려운 사업화 경험, 대량생산 경험, 글로벌 비즈니스 네트워크를 보유하고 있어 딥테크 비즈니스의 효과를 극대화할 수 있는 장점을 갖고 있다.

따라서 대기업은 자신의 장점을 살리는 전략으로 딥테크 비즈니스에 도전해야 한다. 대기업은 비즈니스 규모가 크고 영역이 넓으므로 선택의 여지가 많다. 우선 원하는 딥테크를 자체 역량으로 내부에서 직접 비즈니스화할 수도 있고 외부와의 협력을 통해서 실행할 수도 있다. 단순한 구매자로서 딥테크 스타트업의 제품을 구매하거나 필요한 딥테크 스타트업을 사들여 새로운 공급사슬을 내재화할 수 있다.

대기업의 고위 경영자는 대부분 과학기술 전문가가 아니며 과학기술 전문가라고 하더라도 딥테크 영역의 전문가가 아닌 경우가 많다. 따라서 대기업은 내외부 역량을 활용해서 딥테크에 접근해야 한다. 그러나 최종결정은 CEO가 하는 것이므로 딥테크에 관심이 있는 중견기업이나 대기업의 CEO는 투자를 결정하기에 앞서 다음의 몇 가지 내용을 염두에 두어야 한다.[110]

첫째, 현재의 당면한 난제 해결은 물론 미래의 사업 기회에도 주목해야 한다. 기술 자체에 집중하기보다는 새로운 유망기술이 불러올 수 있는 새로운 비즈니스나 해결해야 할 주요 이슈나 난제를 먼저 생각해야 한다. 즉, 사회경제적으로 해결해야 할 난제를 먼저 파악한 다음 해결 방안을 찾는 이른바 '백캐스팅(backcasting)'이 필요하다. 예를 들어 식품 가공을 비즈니스로 하는 기업이라면 가축이나 농산물로부터 단백질을 얻는 동안에 많은 양의 탄소가 배출되므로 이를 대체하는 기술이 필요하다는 문제의식을 가지고 정밀 발효 공정을 이용해 단백질을 생산하면 탄소배출을 줄일 수 있을지를 생각해야 한다.

둘째, 기술의 경제적 효과를 평가해야 한다. 적용 가능한 영역별로 창출 가능한 시장 크기를 평가해야 한다. 기존 시장의 단순한 대체를 넘어 시장을 확대하거나 다른 영역으로 확산시킴으로써 새로 생기게 될 전체 시장의 크기를 평가해야 한다.

셋째, 딥테크가 끌어낼 수 있는 가치를 알아야 하며, 장애 요소를 확인하고 해소할 방법을 찾아야 한다. 단순한 경제적 가치뿐만 아니라 식재료 가공에서 탄소배출을 획기적으로 줄임으로써 얻게 될 기업의 이미지 제고 효과에도 주목해야 한다. 자체적으로 해결이 가능한 장애 요소와 외부에서 솔루션을 찾아야 하는 장애 요소를 구분하고 각각에 해당하는 전략을 세워야 한다.

---

110 John Paschkewitz et al.: What CEOs need to know about deep tech, BCG (Boston Consulting Group) Report, May 2022.

CEO가 딥테크 비즈니스를 검토할 때 담당자들에게 질문을 던지기 전 앞서 소개한 DARPA의 위험 검토 방식인 하일마이어의 질문을 참고할만하다. 새로운 사업계획이 만들어질 때마다 그런 질문을 반복해서 던지고 체계적으로 대응하는 것이 자연스러워진다면 DARPA와 같이 많은 혁신 사례를 만들어낼 수 있을 것이다.

딥테크 비즈니스에 관심이 있는 대기업이 CVC를 통해 딥테크 스타트업에 투자하고자 할 때 다음 내용을 참고할 수 있다. 거버넌스, 계층 구조, 위험 인식의 관점에서 정리한 내용[111]을 인용하고 일부 내용을 추가하였다.

첫째, 딥테크 스타트업이 보유한 기술을 객관적으로 평가할 수 있어야 한다. 기업 소속의 연구개발 부서는 대체로 자신이 개발한 기술(발명)을 실제보다 좋게 판단하는 경향이 있음에 주의해야 한다. 기술의 장점에 대해서는 잘 알고 있으나 단점을 파악하는 데는 소홀하여 위험을 낮게 평가하는 경향이 있다. 개발부서에 소속돼 있는 평가위원 역시 평가 대상 기술을 좋게 판단하는 경향이 있다.

기술을 객관적으로 평가하기 위해 필요한 지식을 가진 전문가를 찾아야 한다. 전문가는 연구개발 부서나 CVC 팀에서 온 내부 전문가일 수 있고 외부에서 초빙한 전문가일 수도 있다. CEO

---

111 Open innovaion: how corporate giants can better collaboarte with deep-tech start-ups. The case of East and Southeast Asia. (Published by IESE, 2021).

는 전문가 역시 항상 올바른 판단을 하는 것은 아니며 편견을 가질 수 있다는 점에 주의해야 한다. 경험이 많은 전문가는 시야가 넓어 편견을 배제할 수 있는 장점이 있으나 한편으로 부정적인 요인에 집착하는 경향이 있어서 도전적인 시도를 좋게 보지 않는 경향이 있음도 염두에 둬야 한다. 위험을 판단하거나 기술을 평가하는 측면 모두에서 편향성을 극복하기 위해 여러 외부전문가와 의견을 공유하거나 전문성을 갖춘 외부인을 공동 책임자로 지정하는 것을 고려할 수 있다. 한두 번의 회의로 결론을 내리기보다 여러 차례의 회의를 거쳐 단계별 부정적인 요소를 확인하고 걸러냄으로써 오류를 줄이는 것이 중요하다. 때로는 하일마이어의 질문과 같이 일반적인 질문에 객관적으로 답하게 하는 것이 더 효과적이다. 기술 위험과 시장 위험이 큰 딥테크는 부정적인 판단이 우세할 수밖에 없는 성격을 갖고 있으므로 긍정적인 마인드를 가지고 해결 가능한 부정적인 요소를 판단하는 것이 중요하다.

둘째, 스타트업별 특정 위험에 초점을 맞춘 혁신시스템을 설계한다. 모든 기업이 딥테크 스타트업의 위험을 판단하는 선택지 중에서 스타트업 인수, CVC, 벤처 설립자 등 세 가지를 가장 위험한 것으로 인식하고 있다. 이런 판단에서 해커톤, 미션 스카우팅(공모), 챌린지(challenge) 대회를 가장 안전한 방안으로 받아들이고 있다.[112] 가장 좋은 방안을 선택하기 위해서는 여러 요인 중에서 딥테크 스타트업이 충분히 감내할 수 있는 위험의 규모를 먼저 평가해야 한다. 잠재적인 위험의 내용과 해결방안에 대한 분석을 기반으로 실행방안을 설계하고 실행할 시스템을 조직해 운영한다.

셋째, 직원의 동기 부여, 창의성 고취, 더 빠른 수용을 장려하기 위해 CVC의 하향식 접근방식이 가진 단점을 극복해야 한다. 딥테크 비즈니스는 이미 잘 알고 있는 것을 하는 것이 아니라 아무도 해결하지 못한 목표에 새로운 접근방법으로 도전하는 것이다. 직원들이 문제해결에 적극적으로 나서야만 창의적인 아이디어들이 나오고 내외부의 다른 의견을 쉽게 수용할 수 있다. 이를 위해 최고경영자가 내부조직을 활용하거나 외부전문가를 영입하는 등 내외부적 변화가 필요하다는 것을 이해해야 한다. 이런 변화를 통해 경영자와 중간 간부는 사업부나 담당 부서가 변경 사항을 효과적으로 수용하는 데 도움을 줄 수 있다.

또한 새로운 접근방식을 실행하기 위해 내부 정책과 인센티브 구조를 바꿔야 한다. 이런 정책에는 협력을 신속히 결정하기 위해 집행위원회에 후원자를 확보하거나 적임자가 없을 때는 고위 경영진이 유연하게 개입해 승인과정을 단축하는 것이 포함될 수 있다. 진행 단계별로 공개적으로 평가된 기여도에 따라 합당한 인센티브를 즉시 지급함으로써 보다 적극적인 참여를 유도한다.

넷째, 딥테크에 관한 얘기를 나눌 때는 듣는 사람의 관점에 초

---

112 헬로 투모로우(Hello Tomorrow)나 딜룸(Dealroom) 같은 딥테크 투자기관 겸 정보 플랫폼들이 딥테크 아이디어 발굴을 위한 행사를 매년 개최하고 있다.

점을 맞춘다. 말을 하는 사람(발표자)은 자기 생각을 일방적으로 주장하기보다 듣는 사람(들)이 자기 말에 집중하게 해야 한다. 말하는 사람의 입장에서 하고 싶은 말을 하는 것이 아니라 듣는 사람이 선입견 없이 듣고 관심을 높이는 방법으로 얘기하는 것이 중요하다. 일반적으로 집행위원회 위원은 장기 전략과 관련이 있는 주장을 선호하는 경향이 있으며 하위 사업부서에 속한 사람은 단기 또는 중기적인 업무에 더 집중하는 경향이 있다. 따라서 여러 사업부서가 동시에 사업에 착수하는 것보다 한 사업부서에서 먼저 착수해 성공 사례를 만든 다음 다른 부서로 확대해가는 것이 효과적일 수 있다.

다섯째, 발표를 기술에 관한 내용부터 시작하지 않는다. 딥테크의 출발점은 난제를 정의하고 난제 해결이 가져올 파급효과를 이해하는 것이다. 이 부분에 대한 공감을 얻는 것이 무엇보다 중요하다. 기술적인 내용 대신 사례를 들어 해결하고자 하는 문제를 분명히 하는 것으로 발표를 시작한다. 의사 결정권자에게는 실행을 통해 얻게 될 효과를 정량적으로 표현하는 데 초점을 맞춘다. 사례를 발굴할 때는 사업부서를 참여시키는 것이 실행 과정에서 사업부서의 수용성을 높이는 데 도움이 된다.

여섯째, 딥테크 비즈니스에서 극복해야 할 위험은 대부분 경험해보지 못한 것이다. 따라서 이전의 경험이 큰 도움이 되지 못하며 한 번에 해결하기도 어렵다. 단계별로 샌드박스를 활용해 잠재적인 위험을 설정하고 해결방법을 모색함으로써 위험을 최소화한다. 최소한의 개념 증명을 수행할 간단한 테스트 환경(샌드박스)을 구축한 다음 프로젝트에 할당되는 자원을 점차 늘려간다. 이 방식은 조직이 잘 구축된 환경에서 특히 유용하다.

일곱째, 사업 확대나 비즈니스 전환을 위해 필요는 하지만 내부적으로 확보하기 어려운 딥테크 영역에 대해서는 인수합병(M&A)을 적극적으로 검토해야 한다. 비즈니스 기획, 전문가 확보, 기술 개발 등 대기업이 순발력 있게 대응하기 어려운 부분을 해결할 수 있고 무엇보다 시간과 비용을 줄일 수 있다. 검토할 대상이 여럿 있고 내부적인 수용 역량이 있는 일반적인 M&A와 다르게 검토 대상이 거의 하나밖에 없고 대상 기업의 전문성에 의존할 수밖에 없는 환경을 염두에 두어야 한다. 따라서 새로운 비즈니스에 필요한 전문성을 확보하는 데 초점을 맞추고 우호적으로 M&A를 추진해 전문가가 이탈하지 않도록 해야 한다.

딥테크 스타트업과 대기업의 협력

대기업은 딥테크 스타트업이 생산한 제품의 구매자이자 파트너일 수 있으며 투자자일 수도 있다. B2B 성격을 갖는 딥테크의 특성상 딥테크에 관심이 있는 대기업이 존재하지 않으면 딥테크 창업이 쉽지 않을 뿐만 아니라 스타트업이 생존하는 데 어려움이 있다. 한편 대기업이 단독으로 딥테크에 도전하는 것은 대기업의 속성에 부합하지 않는 면이 많으며 경제적이지도 않다. 따라서 딥테크 스타트업과 딥테크에 관심이 있는 대기업 사이에는 서로의 약점을 서로 보완할 수 있는 여지가 많으므로 윈-윈 할 수 있는 협력관계를 만들어낼 수 있다.

코로나-19 mRNA 백신 개발에 성공해 팬데믹을 진정시키는 데 이바지한 것은 물론 사업적으로도 큰 성공을 거둔 바이온텍과 화이자의 협력 사례를 앞에서 소개하였다. 딥테크 스타트업의 약점인 취약한 자금력, 전문 기술영역 외 한정된 기술 역량, 대량생산 혹은 사업화 경험 부족, 취약한 시장 창출 역량을 대기업과의 협력을 통해서 해결한 전형적인 사례다. 무엇보다 중요한 것은 시장 창출까지의 기간을 단축해 성공 가능성을 높이고 오히려 비용을 줄일 수 있다는 점이다.

한편 대기업은 스스로 갖추기 어려운 특정 딥테크 분야에서 고도의 전문성 부족, 지속적인 지식 도입에 필요한 네트워크 취약, 개발과정에서의 민첩한 대응의 약점을 전문적인 딥테크 스타트업과의 협업을 통해 해결할 수 있다. 대기업이 딥테크 비즈니스에 직접 도전한다면 같은 비즈니스를 하는 딥테크 스타트업보다 더 긴 시간과 더 큰 비용을 투자해야 할 수도 있다. 앞에서 언급한 사례들에서 사업화까지 걸리는 약 15년의 기간에는 해당 전문가가 그 영역에서 일하면서 지식을 흡수하고 자신의 연구를 통해 지식을 쌓는 데 소요된 기간이 포함되어 있지 않다. 대기업이 딥테크 비즈니스에 필요한 전문성을 스스로 확보하기 위해 15년 이상 장기간 투자하기 어려울 뿐만 아니라 그런 전문가를 직접 영입하는 경우에도 실행에 필요한 환경을 구축하는 데 긴 기간과 큰 비용이 들 수밖에 없다. 내부 반발이나 대기업 문화와의 괴리로 영입한 전문가가 이탈할 수도 있다. 따라서 대기업이 딥테크 비즈니스에 직접 도전할 때는 이런 점을 고려해야 한다.

축적된 기술을 기반으로 한 딥테크 성공

mRNA 백신 개발 분야에서 15년 이상 종사해오던 독일의 딥테크 스타트업 바이온텍은 세계보건기구(WHO)가 코로나바이러스의 확산을 발표한 이후 곧바로 세계적 제약기업인 미국의 화이자(Pfizer)와 협력해 백신을 개발하기 시작하였으며, 단 9개월 만에 mRNA 백신을 개발해 세계에 공급하는 데 성공하였다. 화이자는 2021년에만 약 370억 달러의 수입을 올렸다. 바이온텍이 보유한 mRNA 백신 기술에 화이자가 대규모 재원을 투자하고 양산에 필요한 다양한 기술을 제공해 성공할 수 있었다.

딥테크 스타트업과 대기업은 여러 형태로 협력할 수 있다. 공급자와 수요자가 협력하는 형태로 공급사슬을 만들어 새로운 딥테크 시장을 개척할 수도 있다. 수요자인 대기업이 시장을 조기에 열기 위해 딥테크 스타트업에 투자하고 기술지원을 할 수도 있다. 대기업과 딥테크 스타트업이 공동으로 참여하는 합작벤처(Joint

Venture)를 설립할 수도 있다. 동일 딥테크 영역에 여러 비즈니스가 있을 수 있으므로 비즈니스별로 딥테크 스타트업과 대기업이 협력해 성과를 창출할 수도 있다.

이런 딥테크 스타트업과 대기업 간 일대일 협력관계 외에도 여러 대기업이 공동으로 투자하는 사례도 나타나고 있다. 핵융합 기술이나 소형 모듈 원자로(SMR)와 같은 대형 딥테크는 성공으로 얻게 될 파급효과가 크지만, 위험 또한 대단히 커서 대기업조차도 단독으로 감당하기 쉽지 않다. 따라서 대형 투자사를 포함한 여러 대기업이 공동으로 투자(협력)해 위험을 분산시키고 있다.

대기업의 필요에 의해서도 딥테크 스타트업과 대기업 간 협력은 앞으로 더욱 늘어날 것이다. 이러한 협력에서 딥테크 스타트업 CEO의 역량이 중요할 수밖에 없으며 대기업으로부터 협력을 끌어내야 빠른 기간 내에 성공하고 그 규모를 키울 수 있다.

9장

딥테크 생태계

DEEP TECH

딥테크 생태계와 관련 조직

산업에 있어서 생태계는 일반적으로 특정 산업군의 제품 또는 서비스를 생산하는 주요 기업들뿐만 아니라 소재 및 부품을 공급하는 공급자와 완제품을 받는 수요자, 경쟁자 및 보완재를 생산하는 업체들까지 산업 환경 내의 모든 이해관계자들이 유기적으로 긴밀하게 연결되어 상호작용하는 시스템을 말한다. 이해관계자에는 정부와 같은 제도 기관과 재원을 공급하는 투자기관(혹은 투자자)이 포함된다. 생태계는 여러 이해관계자들이 유기적인 관계를 통해 각기 이익을 얻으면서 협력할 때 발전한다.

생태계의 특징은 이해관계자들 간 관계의 성격에 따라 결정되며 이들 간 관계가 형성되어 가는 과정이 곧 생태계가 형성되는 과정이다. 이런 생태계가 이익을 창출하고 창출한 이익을 새로운 비즈니스에 재투자하는 선순환 단계에 도달하여야 자생력 있는 산업영역으로 정착할 수 있다.

유망 기술을 기반으로 새로 태동한 산업은 초기에는 실질적인 이익을 창출할 수 있는 시장이 성숙되어 있지 않은 관계로 활동 주체가 누구인지 분명하지 않다. 선순환하는 생태계가 구축되어 있지 않은 태동 단계에서는 특히 중요한 역할을 하는 투자 부문이 단기간에 수익을 창출하기가 쉽지 않으므로 투자를 꺼리게 된다. 기술 위험과 시장 위험이 모두 큰 딥테크 영역에서는 투자 공백 구간, 즉 죽음의 계곡은 생태계가 잘 조성된 일반적인 산업영역에서 경험하는 죽음의 계곡보다 더 넓고 깊을 수밖에 없으므로 딥테크 스타트업이 투자를 유치하기가 쉽지 않다.

딥테크는 성장을 시작한 초기에 생태계를 구성할 주체들이 하나둘 나타나고 이들 간 역할이 정립되면서 관계(생태계)가 형성되어 간다. 기술개발-투자-사업화 성공-기술 확산-재투자의 사이클이 선순환하는 단계에 이르기까지 많은 시행착오와 긴 시간이 필요하다. 아직 딥테크 생태계가 완전히 형성되지 않았지만, 딥테크 투자가 먼저 시작된 선진국에서는 유니콘 기업이 탄생할 정도로 경제적, 산업적 효과가 가시화되고 있고, 딥테크 성장을 정책적으로 뒷받침하려는 움직임이 나타나고 있어 생태계 조성이 빨라질 전망이다.

딥테크 영역별로 차이가 있긴 하지만 대체로 핵심제품을 개발 중인 기업이 대부분이므로 이해관계자와 그들 간 관계가 아직 분명하지 않다. 딥테크 투자가 늘고 있는 선진국에서는 전문 투자기관, 딥테크 정책을 추진하고 있는 정부, 과학기술 지식이나 첨단 장비를 보유하고 있는 대학 등이 이해관계자로 등장하고 있다. 딥테크 생태계는 딥테크 스타트업, 기존의 대기업, 투자기관, 대학 및 연구기관, 정부, 사용자(수요자), 촉진자(지원자) 등 대략 일곱 가지 요소의 이해관계자(영역)로 구성된다.

딥테크 생태계를 구성하는 각 이해관계자가 하는 역할은 다음과 같이 정리할 수 있다. 각 이해관계자의 역할을 이해하는 것은 딥테크 창업을 꿈꾸고 있는 예비창업자에게 자신이 구축해야 할 생태계를 구성하는 데 도움이 될 것이다.

딥테크 스타트업

딥테크 스타트업은 딥테크 생태계에서 가장 중심의 위치를 차지하고 있는 요소이며 비즈니스 목표를 찾아내 사업화하는 주체다. 생태계 관점에서는 난제 해결에 필요한 핵심기술을 구현한 제품을 제공한다. 목표 달성에 핵심이 되는 과학지식에 대한 고도의 전문성(내지 이해)이 있어야 하며 과학지식을 난제 해결의 솔루션으로 만들 아이디어가 있어야 한다. 아이디어를 공학적으로 실현할 수단(기술)을 개발하고 최종적으로 도전 목표를 달성해야 한다. 이 과정에 필요한 자금을 조달하고 핵심기술을 사업화하는 데 필요한 주변 기술을 흡수해야 하며, 이를 위해 투자자와 지원자 등 다른 이해관계자와 긴밀한 관계를 유지해야 한다.

대기업

난제 해결의 결과를 시장 창출로 연결하는 통합 솔루션을 최종 완성할 주체다. 개별 기술로서의 딥테크가 아니라 딥테크 제품을 주축으로 하는 가치사슬이나 공급사슬을 선도하면서 딥테크를 하나의 산업으로 끌고 간다. 앞에서 설명한 코로나바이러스 mRNA 백신 개발의 성공에서 화이자가 했던 역할이 대기업이 하게 될 역할을 보여주는 전형이다. 대기업은 딥테크 스타트업의 핵심제품을 가치사슬이나 공급사슬으로 연결(투자 혹은 연계)할 수 있으며 스스로 혹은 CVC를 통해 딥테크를 개발할 수도 있다. 공급망 관리(SCM) 관점에서 딥테크 스타트업에 기술자문이나 경영지원을 제공할 수 있으며, 직접 투자나 CVC에 투자할 수도 있다. 또한 딥테크 스타트업과 공동으로 비즈니스를 기획하고 실행할 수도 있다. 딥테크는 대기업에게 여러 비즈니스 중의 하나가 아니라 새로운 산업으로 진출하거나 탈탄소 혹은 친환경 패러다임을 수용하는 중요한 수단이다.

투자기관

딥테크를 완성하는 공학적 솔루션을 개발하는 과정과 시제품을 제조하는 초기 생산에 필요한 재원을 공급하는 주체다. 기업 공개(주식상장)에 이르기까지 여러 단계에 걸쳐 투자가 이뤄진다. 엔젤, VC, 대형 투자기관 등 여러 형태의 투자기관이 있으며 개인 투자가도 있을 수 있다. 그중 VC는 혁신을 선도하는 투자기관으로 자리매김한 지 오래됐으며 딥테크 영역에서도 중요한 투자 주체로 부상하고 있다. VC는 딥테크가 가진 위험을 분석할 수단이나 방법이 아직 정립되지 않은 환경에서도 실제 투자의 대부분을 차지하고 있다. 딥테크 영역에만 투자하는 전문 VC가 늘어나고 있으며 여러 VC가 공동으로 투자하는 형태가 나타나고 있다. 전통적인 대형 투자기관도 딥테크 투자 전문 VC를 설립하는 등 관심을 보이고 있다.

대학 및 연구소

새로운 지식을 창출하고 전문인력을 양성하는 대학이나 연구소는 딥테크를 창출하는 원천으로서의 역할을 한다. 난제를 해결하는 새로운 과학지식을 만들어내는 역할과 난제 해결을 위한 공학적 솔루션을 개발하는 데 필요한 다양한 기술기반을 제공한다. 또한 딥테크가 한 차례의 개발로 끝나는 것이 아니라 계속해서 진화하는 데 필요한 새로운 지식을 공급한다. 딥테크 스타트업은 대부분 고도의 과학지식을 갖춘 전문가로부터 출발하므로 대학과 연구소는 딥테크 스타트업의 산실이며, 새로운 지식을 계속해서 창출하고 전문인력을 배출함으로써 딥테크 스타트업의 성장을 뒷받침한다. 따라서 딥테크 생태계에서 대학과 연구소는 지식을 담당하는 중추적 역할을 담당한다.

정부

정부는 딥테크 생태계에서 지식 창출과 인력 양성을 지원하는 역할과 제도를 수립하거나 정비하여 생태계 조성을 촉진하는 역할을 한다. 딥테크와 직간접으로 관련이 있는 기술을 개발하기 위해 연구개발을 지원하며, 전문인력을 양성하고 공용 연구시설을 확충하는 등 과학기술 인프라 구축을 지원하고, 정부 조달업무나 신기술 인증, 세제 혜택 등 각종 제도를 통해 딥테크 성장과 창출을 지원한다. 특히 딥테크 초기에는 작동할 생태계가 없으므로 정부의 선제적 지원이 딥테크가 성장하는 데 매우 중요하다.

유럽은 정부가 여러 이해관계자가 참여하는 사회문제 해결을 제도적으로 추진함으로써 딥테크 생태계를 구성하는 한 축으로서의 역할을 강화하고 있다. 한편 정부는 기초연구에 투자를 확대함으로써 딥테크의 원천을 창출하는 간접적인 투자자로서 해야 할 역할은 물론, 딥테크의 개념 증명 단계까지 연구개발 지원 확대와 연구지원 시설 확충과 같은 인프라에 대한 투자 등 투자자로서 해야 할 역할을 확대하고 있다.

사용자(수요자)

딥테크 제품을 사용하는 일반인 혹은 사용자는 딥테크 생태계에서 시장을 움직이는 중요한 주체다. 사용자는 난제 해결을 바라는 포괄적 의미의 이해관계자일 뿐만 아니라 딥테크 제품을 실제

로 구매하는 직접적인 이해관계자다. 딥테크 생태계에서 사용자
는 기업뿐만 아니라 개인이나 시민단체일 수도 있으며 딥테크 제
품의 성격이나 유통에 영향을 미칠 수 있다. 딥테크 비즈니스에서
사용자의 요구를 무시할 수 없으므로 딥테크 생태계에서 사용자
의 영향은 향후 더욱 커질 것이다.

촉진자(지원자)

투자기관, 대기업, 정부 외에 딥테크 성장을 촉진하는 공공 성
격의 주체도 있을 수 있다. 정부가 구축해 놓은 지식 중개 혹은 인
력공급, 시설 제공, 보육센터 등 공공인프라를 운영하는 기관이나
유망한 딥테크를 발굴해 투자 영역과 연결하는 중개기관, 딥테크
관련 기술 및 산업 정보를 공급하는 정보분석기관 등 여러 형태의
주체가 등장하고 있다. 이들 촉진자는 딥테크 창업을 꿈꾸는 예비
창업자에게 도움을 주며 딥테크 스타트업에 부족한 경영 자문이
나 시장 정보를 제공하고 있다. 딥테크 생태계가 어느 정도 구축
되면 이들 촉진자도 독자적인 비즈니스 모델을 가질 수 있으므로
생태계가 더욱 활성화될 수 있다. 딥테크 정보를 제공하고 투자도
하는 헬로 투모로우, 딜룸, 엔진 같은 기관이 딥테크 전문 촉진자
에 해당한다.

딥테크 생태계의 동작

딥테크 생태계를 구성하는 주체는 각각 고유한 기능을 갖고 있지만, 생태계 내에서의 역할은 상호 활동을 통해 정해진다. 각 주체가 연결을 통해 얻을 수 있는 시너지의 종류와 규모가 생태계의 본질이며 동력이다. 지금은 이런 주체들이 하나씩 등장하는 시기에 해당하고 주체별로 활동 범위를 확장해 서로 겹치거나 연결되면서 생태계의 모습을 조금씩 갖추고 있다. 딥테크 생태계가 바람직한 방향으로 자리 잡기 위해서는 각 주체가 생태계 발전을 위해 해야 할 일은 무엇이며 동시에 생태계로부터 얻게 될 혜택이 분명해야 한다. 또한 다른 주체들과 어떤 관계를 설정해야 하는지를 예측할 수 있어야 한다.[113] 생태계의 최종적인 형태는 창업과 성장이 확장적으로 선순환하는 자체 생명력을 갖는 것이다.

113　The dawn of the deep tech ecosystem: BCG & Hello Tomorrow (2017).

딥테크 스타트업-대기업

난제를 해결하는 혁신적인 제품은 대부분 B2B 혹은 B2G(기업 대 정부 비즈니스)의 성격을 갖고 있으므로 딥테크 스타트업이 단독으로 새로운 시장을 창출하기가 쉽지 않다. 새로운 공급망을 형성하고 시장을 개척할 대기업과 새로운 제품 정보와 개발계획을 협의하여 대기업의 의견을 미리 반영하는 것이 효과적이다. 특히 대기업은 통상 의사결정에 긴 시간이 걸리기 마련이므로 초기부터 협의하는 것이 좋다. 대기업은 보유하고 있는 사업화 및 시장 창출 경험, 공급망을 딥테크 스타트업에 제공할 수 있다. 또한 딥테크 스타트업의 제품을 중심으로 신사업을 개척할 수 있고 SDG나 ESG 등 난제를 해결하는 기업으로서의 이미지를 구축할 수 있다.

딥테크 스타트업과 협력으로 사업화에 소요되는 기간을 획기적으로 단축할 수 있는 장점이 있다. 대기업은 딥테크 스타트업을 재정적으로 지원하거나 공동 사업을 진행할 수도 있다. 신제품 개발에 성공하면 딥테크 스타트업과 공급망을 공유하면서 계속해서 제품을 개선할 수 있다. 딥테크 스타트업-대기업 협력의 사례로는 바이온텍과 화이자가 코로나바이러스 mRNA 백신을 공동 개발하는 데 성공한 후 코로나바이러스 변이종이 생길 때마다 협력해서 신속하게 개선된 백신을 내놓고 있는 것을 들 수 있다.

딥테크 스타트업-투자자

딥테크 스타트업이 겪는 가장 큰 애로는 장기간 안정적인 재원을 확보하는 일이다. 딥테크 스타트업은 관심이 있는 투자자(VC)에게 도전할 난제의 성격이나 잠재 시장에 관한 정보와 함께 난제 해결의 아이디어와 실현 계획을 설명해서 이해할 수 있게 해야 한다. VC는 투자를 결정할 만큼 해당 전문분야에 대한 지식이 충분하지 않을 수 있으므로 여러 차례에 걸쳐 설명함으로써 이해를 높이고 신뢰를 구축한다. VC가 투자를 결정한 이후에는 추진 현황을 공유하며 관련 기술이나 시장 정보도 공유한다. 한편 투자자는 사업을 원활히 추진하기 위해 딥테크 스타트업이 겪기 쉬운 회사 경영이나 재무관리 등의 애로를 해결하는 데 도움이 되는 자문을 제공한다. 다른 투자자들과 연대해 투자 규모를 키우고 위험을 축소할 수 있다.

정부

정부는 딥테크 생태계가 형성되는 초기에 중요한 역할을 할 수 있다. 창업지원이나 조세 제도를 활용해 딥테크 영역에 도전하려는 예비창업자의 창업을 지원할 수 있으며 성장하는 동안에도 연구개발을 지원하거나 경영 자문을 계속할 수 있다. 정부의 조달제도를 활용해 신제품을 구매함으로써 딥테크 스타트업에게 시장을 창출하는 계기를 마련해주고 제품(성능)을 개선할 여유를 줄 수 있다. 또한 정부는 VC가 위험이 큰 딥테크 영역에 투자할 수 있도록 적절한 투자환경을 구축함으로써 투자 시장을 활성화할 수 있다.

대학 및 연구센터에는 난제 해결에 필요한 지식을 창출하고 전문인력을 양성할 수 있도록 연구개발과 인력 양성을 지원한다. 딥테크 스타트업이 사업화 초기에 활용할 수 있도록 대학이나 연구소가 보유한 자원(시설이나 인력)의 개방을 지원할 수도 있다. 예를 들어 MIT가 보유한 연구시설과 인력을 딥테크 스타트업에 제공하는 엔진에 국립과학재단(NSF)이 참여하고 있다.[114] 또한 창업 교육을 통해 기업가정신으로 무장한 전문가 창업을 유도해 딥테크 영역을 활성화할 수 있다.

정부가 딥테크 생태계 조성으로부터 얻게 될 효과는 사회경제적 난제를 해결함으로써 정부가 해야 할 역할을 하는 것이며, 다른 한편으로는 새로운 산업을 일으켜 경제 발전을 지속할 수 있게 하는 것이다. 무엇보다도 생태계가 원활하게 작동하면 대략 15년이 걸리는 사업화 기간이 10년 이내로 줄어들게 되므로 민간투자를 유인하기가 쉬워진다. 투자가 활성화되면 재원 조달의 부담이 줄어들어 도전적인 사업가가 창업에 나설 수 있게 된다. 딥테크 초기 정부는 여러 정책을 혼합하여 생태계 조성을 촉진함으로써 난제 해결을 앞당기고 글로벌 리더십을 확보할 수 있다.

---

114 공공부문인 보스턴 커뮤니티가 참여하고 있고 엔진도 지역사회 발전에 기여하는 것을 중요한 역할로 생각하고 있다.

대학 및 연구센터

대학 및 연구센터는 딥테크 창업할 인재를 배출하고 난제를 해결할 새로운 과학지식을 만들어내는 기관이다. 딥테크 스타트업을 구성하는 전문인력은 대부분 여기에 뿌리를 두고 있으므로 기술진화를 계속하기 위해서는 대학이나 연구센터와 긴밀한 관계를 유지해야 한다. 대학이나 연구센터는 딥테크 스타트업에 인력이나 연구시설을 지원할 수도 있다. 한편 딥테크 스타트업의 성공사례가 연이어 출현하면 대학이나 연구센터에서 도전 의지를 가진 예비창업자가 나오는 창업 분위기가 조성될 수 있다.

기타(사용자, 촉진자)

딥테크 제품(핵심제품)은 일부 제품을 제외하고는 B2B 성격이 강하므로 사용자가 직접 접할 기회는 많지 않다. 사용자는 난제를 해결하는 신제품에 호의적이므로 핵심제품을 개발하는 딥테크 스타트업이나 완제품을 개발하는 대기업 모두 사용자와 긴밀하게 정보를 교환해 신제품의 사회적 수용성을 높여야 한다. 딥테크 예비창업자나 딥테크 스타트업은 자신의 기술을 알릴 기회가 많지 않다. 촉진자 영역이 운용하는 딥테크 관련 각종 해커톤, 챌린지를 자신이 보유한 기술의 가치를 인정받고 투자받을 기회로 삼아야 한다. 최근 글로벌 난제 해결에 필요한 참신한 아이디어를 공개적으로 발굴하기 위한 행사가 세계적으로 빈번해지고 있다.

통합 생태계

딥테크의 비즈니스 모델은 딥테크 스타트업 단독으로 비즈니스를 수행하거나 기업, 주로 대기업 내에서 딥테크를 비즈니스화하는 것, 또는 공공적인 생태계에서 딥테크 스타트업을 보육하는 방법 등 대략 세 가지로 분류할 수 있다. 그중에서 딥테크 스타트업이 필요로 하는 도움을 통합적으로 제공할 수 있는 전문적인 보육기관을 통한 지원이 성공에 큰 도움이 되고 있다.[115] 따라서 딥테크에 관심이 많은 국가나 지역이 지식(대학), 재원(투자), 전문시설, 관련 산업이 밀집된 지역을 딥테크를 지원하는 센터나 허브로 육성하고 있다.

북미 지역에서는 필라델피아의 대학 도시 사이언스 파크(University City Science Center; 31개 연구기관, 2006년 이후 400개 이상의 딥테크 스타트업 지원), 토론토의 MaRS 혁신 허브(대학, 병원, 재단, 제약기업, 정부 및 지자체 참여) 및 DMZ(라이어슨대학교 주도, 액셀러레이터 및 보육), 그레이터 보스턴(Greater Boston; 1,000개 이상의 바이오 스타트업 지원)과 엔진(MIT), 혁신의 진원지(Epicenter of innovation(캘리포니아 대학)) 및 CITRIS 파운더리 딥테크 혁신 센터(UC 버클리) 등이 딥테크 스타트업을 지원하고 있다.

유럽에서는 케임브리지대학교 인근의 바이오과학 보육기관인

---

115 Australia's deep tech opportunity-Insight from the Cicada Innovation journey, August 2020 (Cicada Innovations).

바브라함 리서치 캠퍼스(Babraham Research Campus), 세인트존스 혁신 센터(St John's Innovation Center(케임브리지대학교)), 서섹스 혁신 센터(Sussex Innovation Center(서섹스대학교)) 등이 활동하고 있고, 북유럽에서는 퓨처박스(Futurebox(덴마크 기술대학교 내에 소재한 사이언스 파크로, 40개 이상의 딥테크 스타트업 보육 중)), 스팅(Sting(스웨덴 스톡홀름 소재)) 등이, 스위스에서는 FONGIT(제네바)가 활동하고 있다.

아시아–태평양 지역에서는 호주의 시카다 이노베이션스(Cicada Innovations(103개 스타트업 보육)), 레전드 스타(Legend Star(중국 과학원)), 캘러헌(Callaghan Innovation(뉴질랜드의 혁신지원기관으로, 2014년 이후 45개 스타트업 지원)), 콜라보레이션 허브(Collaboration Hub(호주 연방산업연구기구(CSIRO) 소속으로 시드니 소재(자율주행 자동차용 라이다(LiDAR) 개발))), SG이노베이트(SGInnovate(싱가포르의 딥테크 지원기관, 70개 스타트업 육성)) 등이 활동하고 있다.

우리나라의 딥테크 현황

우리나라에서는 지금까지 딥테크를 공식적으로 다루지 않았으며 최근에야 정책자료에 등장했고 언론에서도 조금씩 언급되기 시작했다. 딥테크에 투자하고 있는 VC가 확인되지 않고 있으며 딥테크 투자에 전문적으로 나서는 VC도 아직 없는 형편이다. 아직 딥테크란 용어가 생소한 탓일 수도 있지만, 딥테크 스타트업을 표방한 기업도 거의 없다. 이렇듯 딥테크에 대한 인식이 거의 없는 상황이므로 우리나라에서 딥테크 생태계에 대한 논의는 시기상조인 것처럼 보일 수도 있다. 그러나 앞서 살펴본 대로 미국, 유럽의 여러 나라, 중국, 일본 등 여러 나라가 딥테크를 정책 주제로 본격적으로 다루기 시작했고 다양한 프로그램에 착수하고 있음을 간과하지 말고 주목할 필요가 있다.

생태계 구축에 빨리 착수할수록 딥테크가 성장하는 데 도움이 되므로 적극적인 관심을 가질 필요가 있다. 다행스럽게도 앞서 보앞듯이 우리나라가 아직 딥테크에 관심이 거의 없음에도 불구하고 외국의 자료에서 300개 이상의 딥테크 스타트업이 파악되고 있는 것은 다수의 딥테크 스타트업이 이미 창업해 활동하고 있으며 일부 VC 혹은 CVC, 대기업, 투자자가 딥테크 스타트업에 투자하고 있다는 것을 의미한다. 딥테크에 대한 이해가 확산하지 않고 있는 환경을 고려하면 이들 딥테크 스타트업은 쉽지 않은 환경에서 사업을 하고 있을 것으로 판단된다. 딥테크에 주목하고 정책적인 지원이 더해진다면 딥테크 창업이 활발해질 것이며 민간의 투자도 더불어 확대될 것이다. 궁극적으로는 선진국이 추구하고 있는 것처럼 우리 경제를 도약시킬 동력을 창출하는 엔진이 될 수 있을 것이다.

딥테크 생태계의 예

딥테크 생태계는 국가 수준에서는 물론 기업 혹은 엔진(The Engine) 같은 허브 수준에서의 생태계를 생각할 수 있다. 국가 수준의 생태계는 딥테크(산업)를 육성하는 정부 차원의 성공 전략으로 볼 수 있다. 딥테크 생태계를 구성할 주체와 역할을 짚어보긴 했지만, 완성된 모습을 갖춘 생태계가 아직 없으므로 모호한 점이 없지 않다. 현재 시점에서 독자적인 생태계의 모습을 갖춰가고 있는 엔진을 벤치마킹해보면 딥테크 생태계의 모습을 전망할 수 있다. 다음 내용은 딥테크 생태계를 전망하는 자료로 엔진이 발간한 세 번째 보고서인 'The Engine Report 2021 & 2022'를 참고하였다.

엔진(The Engine)

엔진은 MIT가 2016년 설립한 독립적인 공공수익 법인이다. 사회의 가장 큰 도전과제(난제)를 해결할 장기 솔루션을 제공함으로써 세계에 긍정적인 영향을 미치고 이를 사업화하는 사람들에게 경제적인 이익을 가져다주는 것을 추구하고 있다. 더욱 낙관적인 미래가 더 빨리 오게 하는 것을 목표로 하고 있다. 또한 공익법인 으로서 과학기술의 전환을 통해 기업가정신을 강화하는 것에 초점을 맞추고 딥테크를 사업화하며, 그런 과정을 통해 지역의 경제 발전을 창출해 글로벌 사회와 환경에 긍정적인 영향을 주고자 한다. 그리고 이를 위해 미래의 공동 목표를 향해 일하는 모든 연구, 정부, 기업, 창업가를 아우르는 이해관계자와 협력한다.

MIT는 딥테크 사업화를 통해 글로벌 난제를 해결하기 위하여 MIT의 연구자원(연구자, 연구시설)은 물론 동문 네트워크, 관련 기업을 연결하고 보스톤 지역사회와 미국의 공공부문, 하버드대 등 인근 대학을 아우르는 광범위한 네트워크를 구축하였다. 특히 엔진을 위해 캠퍼스 내 독립 건물을 짓고 직접 투자하고 있다. 엔진 내에서 정보교환은 물론 창업 상담 및 지도, 기술지원 등 딥테크 스타트업의 활동을 입체적으로 지원하고 성공 사례를 공유하는 등 딥테크 생태계의 전형이라고 할 수 있다.

엔진은 다음의 몇 가지 내용에 의미를 두고 있다. 기술 중심의 혁신으로 글로벌 과제를 해결하는 팀을 지원하며, 실험실에서 사업화까지의 과정을 지원하고 그들이 세상을 바꾸는 것을 보고자 한다. 또한 참여하고 있는 회사의 성공을 위해 노력하는 근면하고 겸손한 개인들로 구성된 야심 찬 팀을 지원함으로써 그들이 목표를 달성하고 세상에 지속적으로 긍정적인 영향을 미칠 수 있다고 믿고 있다. 대담한 아이디어가 인류에게 의미 있는 영향을 미치도록 하는 데 집중하고 있다.

엔진의 임무는 혁신을 통해 글로벌 과제를 해결하기 위한 과정을 막 시작하는 사람들을 지원하는 것이며, 이런 임무는 전혀 새로운 세계에 당면하고 있다는 것을 있는 그대로 받아들이고 터프테크(tough tech) 커뮤니티가 최고가 되도록 하는 헌신을 통해 달성된다고 믿고 있다. 또한 실험과 혁신을 통해 끊임없이 학습에 전념하는 협력적인 개인들의 팀으로서 목표를 달성하기 위해 함께 일하며 서로를 돕고, 반복적이고 민첩하며, 분명하지 않음을 인정하며, 위험을 감수하고, 모호함을 주도하고, 터프테크 커뮤니티의 발전을 가속하기 위해 성공과 학습을 공유함으로써 우수성을 달성할 수 있다고 믿는다. 중요한 비즈니스는 시간이 오래 걸리기도 하지만 단기적으로 의미 있는 진전을 이룰 수도 있다는 상반돼 보이는 두 견해를 모두 믿으며 더 공격적으로 추진할 방법을 끊임없이 모색한다. 변화를 활성화하는 능력이 인종이나 성별 또는 성향에 한정되지 않으며 변화를 주도하려는 기술 능력과 야망을 품은 사람은 누구나 터프테크 창업자 또는 자금 제공자가 될 수 있다고 믿고 가장 큰 영향을 미칠 수 있도록 포용적인 터프테크 커뮤니티를 구축해야 한다는 포용적 혁신을 믿는다. 무엇보다 모두를 위한 더 나은 세상을 상상한다.

엔진은 초기 투자자로서 기후변화, 보건(건강), 첨단 시스템 및 인프라 등 세 가지 영역에 투자하고 있으며, 이들 기업이 추구하는 비즈니스는 모두 유엔의 SDG 여러 영역과 관련이 있다. 미션을 실행하는 추진력과 열정을 가진 팀인가, 대형 글로벌 난제를 해결할 새로운(groundbreaking) 과학적 발견이나 기술을 보유하고 있는가, 산업을 변모시킬 대단히 큰(massive) 기회를 불러올 것인가가 투자를 결정하는 관점이다.

현재 44개 기업에 투자하고 있으며 자산은 6억 7천 2백만 달러다. 엔진 소속 회사가 조달한 총 자기자본 및 전환사채는 41억 달러 이상이며 공공부문이 투자한 자본(비희석 자본)은 1억 5천 4백만 달러다. 엔진 소속 회사의 총 가치는 94억 달러 이상이다. 이는 엔진이 1달러를 투자할 때마다 다른 투자자가 14달러를 추가 투자한 셈이다.

참여하고 있는 공공부문은 에너지성(DOE), 국방성(DOD), (미국) 국립과학재단(NSF), 중소기업청(SBA), 매사추세츠 클린에너지센터, 매사추세츠 기술협력기구, 매사추세츠 생명과학센터 등 9개 기관으로, 엔진이 1달러 투자할 때마다 공공부문은 1.22달러를 투자하였다. 엔진은 돌파 기반 기술을 지원하고 일자리를 창출하기 위해서는 인프라를 구축하는 것이 필요하므로 미국 교통부(Department of Transportation)가 추진하는 ARPA-I와 함께 주요 인프라에 투자하고 있으며, 참여기업에게 초당적 인프라법(Bipartisan Infrastructure

Act), 반도체 및 과학법(CHIPS and Science Act), 인플레이션 감축법(Inflation Reduction Act) 등 관련 입법 내용을 안내하고 활용하도록 하고 있다. 이해관계자 간 장기 상호 이익이 되는 관계를 촉진하기 위한 활동으로는 반도체 현황 브리핑(86개 기업에서 112명 참석), 클린텍 현황 브리핑(47개 기업에서 85명 참석), 비즈니스 발굴의 날(16개 기업 전략이 발표되고 스타트업과의 일대일 미팅 50건) 등을 개최한 바 있다.

엔진은 두 개 건물에 각각 14,400㎡(4,356평), 2,790㎡(840평) 면적을 확보하고 있으며, 각 공간에 딥테크 기업가 수 535명 및 154명, 딥테크 기업 수 65개 및 5개, 평균 고용인 수 8명 및 17명이 입주해 있다. 면적이 큰 공간은 2022년 9월에 준공된 것으로 엔진의 본부 건물이다. 자체 보유 공간 외 하버드의 나노스케일 시스템 센터(Harvard Center for Nanoscale Systems), MIT 화학장비시설과(MIT Dept. of Chemistry Instrumentation Facilities), 하버드 동부 핵자기공명 시설(Harvard East Quad Nuclear Magnetic Resonance), 노스이스턴 코스타센터(Northeastern Kostas Center), 하버드 생체이미지 센터(Harvard Center for Biological Imaging), 소재연구 과학공학센터(Materials Research Science & Engineering Centers), MIT 나노(MIT Nano), 코흐연구소(The Koch Institute), 매사추세츠대 코어 시설(UMass Core Facilities) 등이 엔진이 운영하는 지원 시설로 지정되어 있다.

엔진에 소속(포트폴리오)된 스타트업의 비즈니스를 통해 엔진이나 MIT가 추구하는 방향을 들여다볼 수 있다. 3개 영역별로 주요 스타트업의 비즈니스 내용을 요약하였다. 이들의 비즈니스를 통해 딥테크의 대상이 되는 영역에 대한 이해를 높일 수 있으며 비즈니스 기회를 찾는 데 참고할 수 있다.

기후변화 영역

커먼웰스 퓨전 시스템 (Commonwealth Fusion Systems)	⚡ Commonwealth Fusion Systems	1, 6~13, 16, 17[116]
비전	안전하고, 무한정하며, 탄소배출이 없는 융합 전력	
해결할 난제	세계 전기 수요는 향후 20년 동안 60% 이상 증가할 전망이며, 오늘날의 수요는 여전히 대부분 화석연료로 충당되어 탄소 예산이 빠르게 고갈되고 있다. 현재 에너지 생산은 세계 온실가스 배출량의 25%를 차지한다.	
딥테크 솔루션	CFS는 세계 최초의 상용 핵융합 발전소를 건설하고 보급하는 과정에 있다. 고온 초전도체를 사용하여 향후 10~15년 후 핵융합 기기를 10배 더 작게 만들고 경제적으로 실현 가능하며, 필요한 고자기장 자석을 개발해왔다. 핵융합은 무제한이며 온실가스와 멜트다운이 없고 핵확산의 우려가 없는 안전하고 깨끗한 에너지의 원천으로서 에너지 환경을 변화시킬 잠재력이 있다.	
사업 기회	CFS 팀은 2050년까지 세계에 수천 개의 핵융합 발전소를 배치하여 세계 총 에너지의 상당 부분을 제공하는 목표를 갖고 있다. * 2050년 세계 전기 수요 50TW(테라와트), 글로벌 전기 시장 10조 달러 이상	

---

116 관련 UN SDG 항목(1빈곤 종결; 2기아 해소; 3건강 보장과 복지증진; 4양질의 교육; 5성평등 달성; 6깨끗한 물과 위생; 7적정하고 청정한 에너지; 8적정한 일자리와 경제성장; 9산업/혁신/사회기반시설 구축; 10불평등 해소; 11지속가능한 도시와 커뮤니티; 12책임 있는 소비와 생산; 13기후변화 활동; 14해양 생태계 보존; 15육지생태계 보존; 16평화/정의/강력한 제도 정비; 17목표 이행에 필요한 파트너십 구축)

폼 에너지 (Form Energy)	Form energy	7~13, 17
비전	수일 간의 에너지 저장 시스템으로 100% 재생 가능한 전력망	
해결할 난제	세계 전기 수요는 향후 20년 동안 60% 이상 증가할 전망이며, 오늘날의 수요는 여전히 대부분 화석연료로 충당되어 탄소 예산이 빠르게 고갈되고 있다. 현재 에너지 생산은 세계 온실가스 배출량의 25%를 차지한다.	
딥테크 솔루션	세계는 기후변화에 대응하기 위해 연중무휴(24/7) 재생 에너지가 필요하다. 그러나 유틸리티 규모의 에너지 저장 장치는 최대 4시간 동안만 전력을 공급할 수 있어 태양광 및 풍력과 같은 재생 가능 전력을 안정적으로 공급하는 것이 불가능하다.	
사업 기회	폼 에너지는 전 세계에서 구할 수 있는 저렴하고 풍부한 재료를 사용하는 새로운 철-공기 화학으로 구축된 대규모 모듈식 수일 에너지 저장 시스템을 만들었다. 폼 에너지는 전기 시스템을 재구성하여 재생 가능 에너지를 만드는 능력을 갖추고 있다. 1년 내내 사용할 수 있으며 새 전선을 구축하지 않고도 전송 용량을 확장할 수 있다. * 〈 1.00 달러/kWh(킬로와트 · 시) 달성, 2024년 파일럿 프로젝트 완성	

라일락 솔루션 (Lilac Solutions)	Lilac solutions	6~13, 16~17
비전	가장 빠르고 지속 가능하며 효율적인 리튬 추출 플랫폼	
해결할 난제	현재 세계는 운송 부문을 전기화하는 데 30배 증가할 것으로 예상되는 리튬 수요를 충족할 수 없다. 염수에서 리튬을 추출하는 기존 공정은 환경을 해치고 시작 속도가 느리며 날씨에 취약한 대형 증발 연못이 필요하다.	
딥테크 솔루션	라일락 솔루션은 리튬 추출을 위한 새로운 이온교환 기술을 상용화하여 이전에는 접근할 수 없었던 염수 자원을 지속적으로 개발하고 있다. 기존 기술보다 훨씬 빠르고 저렴하며 지속 가능하여 전기 자동차에 필요한 리튬 공급을 크게 늘릴 수 있다. 라일락의 플랫폼은 지역사회를 위한 담수 자원을 보호하고 토지 사용을 1,000배 줄이고 온실가스 배출량을 80% 줄인다.	
사업 기회	지속 가능하고 장기적인 리튬 공급으로 증가하는 전기 모빌리티 솔루션 수요에 대응한다. * 2035년 글로벌 리튬 시장 520억 달러, 리튬 회수율 80~99%	

쿠아이즈 (Quaise)	QUAISE	1, 6~13, 16
비전	파괴적인 밀리미터파 시추 기술을 통한 지열 에너지에 대한 보편적 접근	
해결할 난제	세계는 현재 기술로 화석 연료에서 벗어날 수 없다. 지열은 지구상에서 가장 큰 전력 밀도 청정 에너지원이지만 오늘날 접근이 제한적이다.	
딥테크 솔루션	쿠아이즈는 초임계 증기를 사용하여 전기를 생성할 수 있을 만큼 온도가 높은 지각 아래의 더 깊은 깊이(10~20km)에 접근하기 위해 밀리미터파 에너지 시추 시스템을 개발하고 있다. 특히 대규모로 신속하게 확산할 수 있도록 다른 지열 접근 방식의 장소 제한을 피한다.	
사업 기회	기후 위기를 해결하고 전 세계의 에너지 안보를 강화할 수 있는 청정 에너지원 확보 * 2050년 글로벌 에너지 수요 50TW, 글로벌 전기 시장 〉10조 달러	

서블라임 시스템 (Sublime Systems)	SUBLIME	8~13, 16
비전	전기화학을 통해 생산되는 저비용 저탄소 시멘트	
해결할 난제	시멘트 생산은 현재 세계 CO_2 배출량의 8%를 차지하며, 산업 CO_2 배출량의 75%는 석회 생산에서 발생한다. 현재 연간 40억 톤의 시멘트가 생산되며 시멘트 1kg당 1kg의 CO_2가 발생한다.	
딥테크 솔루션	서블라임 시스템은 저비용 무탄소 시멘트를 생산하고 있다. 전기화학 플랫폼은 실온에서 석회석을 석회로 변환하여 변환 과정에서 생성된 CO_2를 더 쉽게 포집하는 동시에 전체 에너지 소비를 줄인다. 서블라임의 초기 테스트에서 시멘트가 기존 시멘트에 비해 낮은 CO_2 농도에서 강도, 경화 시간 및 향상된 유동의 목표를 충족한다.	
사업 기회	전 세계의 지속적인 도시 개발을 지원하면서 배출 목표를 충족하기 위한 시멘트 산업의 심층 탈탄소화를 목표로 한다. 시멘트는 연간 평균 40억 톤이 생산되는 세계 최대 규모의 산업이며 시멘트 톤당 평균 130달러인 거대한 시장이다.	

비어 (VEIR)	VEIR	7~13
비전	송전 구조의 재창조	
해결할 난제	전기 그리드는 에너지 부문의 중추다. 재생 에너지 배치가 증가하고 전기 자동차와 충전 인프라가 더욱 널리 보급되고 산업 프로세스가 전기화됨에 따라 그리드는 더욱 부하가 커지고 운영자는 공급과 수요의 균형을 맞추기 위해 고군분투하고 있다.	
딥테크 솔루션	비어의 전송 라인은 초전도 테이프를 사용하여 기존 전기 전송 인프라가 5배 더 많은 전력을 전송할 수 있도록 하여 수요 폭주 및 신재생에너지 통합과 같은 중요한 전기 시스템 문제점을 완화한다. 비어의 플랫폼은 새로운 송전로의 부지 선정 및 허가의 불확실성, 시간, 비용을 줄일 수 있다.	
사업 기회	강력한 전력망은 세계 탈탄소화 목표를 달성하기 위한 핵심 요소인 발전, 이동성 및 산업 프로세스의 광범위한 전기화를 가능하게 한다. * 액체 질소 주입 간격 100km, 2040년 창출 시장규모 1.8조 달러	

보스톤 메탈 (Boston Metal)	BOSTON METAL	8~13, 17
비전	탄소배출이 없는 강철 및 합금의 효율적이고 저렴한 생산	
해결할 난제	철강제조 공정은 석탄에 의존한다. 산업 부문 중 CO_2 배출이 가장 큰 배출원이며 세계 배출량의 약 8%를 차지한다.	
딥테크 솔루션	보스톤 메탈은 새로운 전기화학 공정을 사용하여 무석탄, 무배출, 모듈식 산업용 강철 및 합금철 생산 방법을 개발한다. 기존 제철소보다 초기 자본 지출이 훨씬 적기 때문에 철강 제조업체는 필요에 따라 생산 능력을 추가할 수 있는 유연성을 제공한다.	
사업 기회	철강 산업의 파리 기후 협약 배출 목표를 충족하고(2050년까지 배출을 최소 50% 줄이고 탄소 집약도를 철강 1톤당 CO_2 0.6톤으로 줄임) 대규모 산업 부문에 파괴적 혁신이 시작된다.	

악소프트 (Axoft)	Λχoft	3, 8, 9
비전	부드럽고 이식 가능한 전자 장치로 뇌-기계 간 통신 증폭	
해결할 난제	뇌-기계 간 인터페이스는 뉴런과 선택적으로 통신하기 위해 뇌 조직에 직접 이식된 전극에 의존한다. 현재 프로브는 뇌와 일치하고 단일 뉴런 분해능에 도달하기에는 너무 단단하고 전극 밀도가 부족하다.	
딥테크 솔루션	악소프트는 플라스틱보다 10,000배 이상 부드럽고 현재 뇌 임플란트에 사용되는 실리콘보다 100,000배 이상 부드러운 신경 임플란트를 만들고 있다. 이러한 새로운 연질 전자재료는 나노크기로 제작되며 뇌 조직 자체와 유사한 특성이 있다. 또한 악소프트의 임플란트는 현재 가능한 것보다 훨씬 더 많은 수천 개의 개별 센서를 수용할 수 있다.	
사업 기회	마비, 간질, 심지어 우울증과 같은 다양한 신경 장애를 완화한다. * 신경장애로 매년 9백만 명 사망, 잠재시장 규모 1조 달러	

바이오봇 애널리틱스 (Biobot Analytics)	BIO BOT	3, 6, 8~12, 16~17
비전	폐수 인프라를 공중 보건 관측소로 전환	
해결할 난제	COVID-19, 원숭이두창, 오피오이드(마약성 진통제) 전염병과 같은 많은 공중 보건 문제는 입원 및 진단 테스트(지역사회 확산의 지연 지표)로 모니터링된다. 조기 경고 신호는 능동적이고 시의적절한 결정에 도움을 준다.	
딥테크 솔루션	바이오봇 애널리틱스는 폐수 역학 회사로서 소변 및 대변 시료를 분석하여 신속하게 업데이트되는 인구 수준의 커뮤니티 건강 상태를 보여준다. 바이오봇의 독점 예측 모델은 의사 결정자가 진행 중인 위협에 대해 정보를 기반으로 한 조치를 할 수 있도록 통찰력을 제공한다.	
사업 기회	공중 보건 위협의 조기 식별 및 결정적 조치	

셀리노 (Cellino)	cellino	3, 8~10, 12
비전	맞춤형 의학을 자동화하여 세계에서 가장 어려운 질병 치료	
해결할 난제	당뇨병 및 심장병과 같은 질병은 미국에서만 매년 거의 750,000명의 생명을 앗아간다. 손상된 세포를 대체하는 줄기세포 기반 요법을 사용하여 이러한 질병을 치료할 수 있지만, 현재 기술은 수백만 명의 환자를 치료하는 데 필요한 정밀도, 규모 및 경제성이 부족하다.	
딥테크 솔루션	반도체 제조의 규모와 정밀성을 바탕으로 셀리노는 대규모 재생 의약품을 제조하기 위한 최초의 줄기세포 파운드리를 개발하고 있다. 셀리노 엔지니어는 자동화된 소프트웨어 기반의 폐쇄 시스템 기술을 사용하여 레이저 정밀도로 줄기 세포를 개인화했다.	
사업 기회	* 비용 절감 10배 이상, 재생의학 치료를 기다리는 환자 9억 명 이상	

하이페 푸드 (Hyfe Foods)	Hyfé	2~3, 6, 8~13, 16
비전	저탄수화물, 단백질이 풍부한 곰팡이 밀가루 생산	
해결할 난제	당뇨병과 같은 식습관 관련 만성 질환은 연간 사망의 60%를 차지한다. 이러한 질병은 염증을 유발하는 식품을 대체 밀가루와 단백질로 대체하여 관리할 수 있지만, 인구 대부분이 감당할 수 없는 비용이다.	
딥테크 솔루션	하이페는 산업 식품 제조 폐기물 과정에서 풍부한 설탕을 활용하여 버섯의 뿌리인 균사체에서 단백질을 만든다. 훨씬 저렴하고 기후에 긍정적이며 식품이 아닌 발효 공급원료를 생산할 수 있는 플랫폼을 개발하고 있다.	
사업 기회	하이페는 균사체 단백질의 영양적 우월성을 활용하여 소비자가 용인하고 넘어가는 일상적인 편안한 음식에 대해 더 건강하고 지속 가능한 대안을 찾게 만드는 건강 문제를 해결함으로써 260억 달러 규모의 대체 밀가루 시장을 획기적으로 전환하기 위해 자신의 플랫폼을 활용한다. * 식료품 제조사의 비용 절감 30~50%, 폐수 및 정수 시장 2,180억 달러	

모리 (Mori)	mori	1~3, 8~13, 15
비전	천연 코팅으로 음식을 더 오래 신선하게 유지하고 포장 폐기물을 줄임	
해결할 난제	전 세계적으로 생산된 모든 식품의 약 1/3이 폐기되고 식품 및 포장/용기가 미국에서 매립되는 재료의 거의 45%를 차지한다.	
딥테크 솔루션	모리는 실크 누에고치의 단백질을 기존의 수확, 처리, 유통 과정에 원활하게 통합하도록 설계된 수용성 분말로 활용하여 실크의 천연 품질을 활용한다. 모리의 천연 보호막은 무엇보다도 전체 및 절단 농산물, 단백질 및 포장에 걸쳐 변질되는 과정을 늦춘다.	
사업 기회	모리는 폐기물을 줄이고 신선한 식품에 대한 접근성을 개선하여 글로벌 식품 공급망의 탄력성과 지속 가능성을 높인다. 일회용 플라스틱 포장 없이 더 오랫동안 더 신선하게 유지되는 안전하고 건강한 식품에 접근할 수 있다. * 식품 보존 기간 2배 연장, 세계에서 연간 13억 톤 식품 폐기물 발생	

백세스 (Vaxess)	VAXESS	3, 8~10, 12
비전	백신 및 치료제의 효능 및 접근성 변화	
해결할 난제	예방 접종 및 많은 치료법에 대한 쉬운 접근은 공중 보건을 유지하는 데 중요하다. 긴 유통기한, 상온 배송 및 취급, 바늘 기반 투여를 대체하는 의약품이 필요하다.	
딥테크 솔루션	백세스는 유통기한이 안정적이고 쉽게 관리할 수 있는 백신과 치료제를 제공하는 스마트 릴리스 치료용 패치를 개발하고 있다. 실온에서 백신을 안정화해 궁극적으로 콜드 체인의 필요성을 없애고 COVID 팬데믹에 중요한 가정 배달을 가능하게 한다. 이 패치는 전통적인 항원 백신과 mRNA 기반 백신 모두에서 작동한다.	
사업 기회	가정 배달 및 관리를 통해 전 세계적으로 백신 접근 가속화	

파운데이션 앨로이 (Foundation Alloy)	⧫ Foundation Alloy	8~9, 11~13
비전	새로운 금속 합금으로 차세대 산업 혁신을 위한 대비	
해결할 난제	세계는 제조 요구사항을 충족하고 현재 글로벌 공급망의 병목 현상을 해결하기 위해 재료 생산 및 성능의 단계적 변화가 필요하다.	
딥테크 솔루션	파운데이션 앨로이는 더 강하고 가볍고 부식성이 적은 재료를 만들기 위해 원자로부터 금속의 미세구조 설계를 재발명한다. 고성능 금속은 주문 제작한 구조적 품질을 갖고 있으며 더 경제적이고 90% 더 빠르며 에너지 집약도가 낮은 제조공정에서 만든다.	
사업 기회	8,670억 달러 규모의 세계 금속 부품 시장을 고성능 금속 부품으로 전환하고 새로운 산업 디자인 패러다임의 지평을 확대한다. * 에너지 사용 50% 절감, 개발기간 90% 단축	

이세 (ISEE)	ISEE	8~9, 11, 13
비전	인문학적 AI 기반 자율주행 기술로 물류산업 자동화	
해결할 난제	오늘날의 글로벌 공급망은 현대화가 절실히 필요하다. 물류 회사는 예측할 수 없는 노동력과 변동 비용 및 안전 개선에 대한 요구 증가에 직면했다.	
딥테크 솔루션	ISEE의 AI 기반 자율주행 야적장 트럭을 통해 물류 야적장 운영자는 야적장 안전을 개선하고 효율성을 극대화하며 비용 절감을 실현하고 신뢰할 수 있는 운전 능력을 확보할 수 있다. 물류 야드를 자동화하여 비용을 50% 줄이고 야적 처리량을 30% 늘릴 계획이다.	
사업 기회	* 글로벌 물류 야적 및 운용 비용 1,000억 달러, 2026년 숙련 인력 부족 10만 명	

하이퍼라이트 (HyperLight)	HL HYPERLIGHT	8~9, 13
비전	초고효율 광회로를 사용하여 데이터 센터 및 통신 네트워크의 병목 현상 제거	
해결할 난제	데이터 센터는 속도와 에너지 소비가 한계에 빠르게 도달하고 있다. 재료 효율성에 대한 획기적인 혁신이 없다면 데이터의 양과 전송 속도는 한계에 도달할 것이다.	
딥테크 솔루션	가장 근본적인 기술 간의 연결은 전기와 광파 사이의 신호를 고속으로 변환하는 장치인 전기광학 변조기에 의존한다. 하이퍼라이트는 독창적이고 뛰어난 비용 효율성과 전력 성능으로 실리콘과 같은 신뢰할 수 있는 처리를 제공하는 혁신적인 설계와 확장 가능한 제조공정을 갖춘 TFLN(Thin-Film Lithium Niobate) 광자 집적 회로를 개발하고 있다. 하이퍼라이트의 저손실 칩으로 만든 통합 광변조기 장치는 초고성능이면서도 증가하는 저비용 광 솔루션 시장 수요를 충족한다.	
사업 기회	데이터 센터, 산업, 사무실 및 가정 간의 더 빠르고 더 강하게 연결된 광학 데이터로 세계의 관계를 재구성함으로써 2035년까지 2,500억 달러 규모의 AI 및 머신러닝에 대한 모델링 집약적인 접근을 지원할 수 있다. * 온칩 손실 1dB(데시벨), 구동전압 1V(볼트)	

싱크 컴퓨팅 (Sync Computing)	⊗ Sync	8~9, 12~13
비전	개발자가 머신러닝 작업부하 제어를 위해 클라우드 인프라를 제어하는 방식 혁신	
해결할 난제	3,000억 달러 규모의 글로벌 클라우드 컴퓨팅 산업은 엄청나게 비효율적이고 복잡하며 연간 수백억 달러의 시간과 전기를 낭비한다.	
딥테크 솔루션	싱크 컴퓨팅은 빅데이터 및 머신러닝 작업을 자동으로 재구성하고 일정을 조정하여 클라우드를 더 쉽고 빠르고 저렴하게 만들고 있다. 클릭 한 번으로 복잡한 클라우드 인프라를 비용과 시간에 맞게 빠르게 최적화할 수 있다.	
사업 기회	추측을 제거함으로써 빅데이터 분석, 머신러닝, 과학 시뮬레이션과 같은 클라우드 애플리케이션을 클라우드에 즉시 최적으로 확산하여 기업에서 수십억 달러를 절약할 수 있다.	

레조넌트 링크 (Resonant Link)	**↘↖ Resonant Link**	3, 8~9, 11, 13
비전	무선 충전으로 전기 자동차 및 의료 기기 연결 해제	
해결할 난제	전기화는 충전 케이블에서 종종 원하지 않게 얽히게 된다. 현재 무선 충전 시스템은 느리고 비효율적이며 신뢰할 수 없으며 제조 비용이 많이 들고 있다.	
딥테크 솔루션	레조넌트 링크는 이식형 의료 기기 및 가전제품과 같은 작은 시스템부터 산업용 애플리케이션 및 전기 자동차와 같은 큰 시스템에 이르기까지 새로운 무선 충전 기술을 개발하고 있다. 플랫폼은 기존 시스템보다 더 작은 설치 공간과 더 높은 열효율로 더 먼 거리에서 충전할 수 있다.	
사업 기회	레조넌트 링크의 빠르고 안전하며 안정적인 무선 충전은 배터리를 연결하거나 교체할 필요 없이 차량과 장치에 원활하게 전원을 공급한다. 더는 불필요한 수술을 하지 않고, 물류비용을 줄이고, 완전한 전기화를 통해 그리드를 지원하는 방법으로 더 안전하고 생산적인 삶을 살도록 도울 수 있다.	

10장 :

딥테크 전망

DEEP TECH

딥테크는 세상을 바꿀 수 있나?

지금까지 딥테크 전반을 짚어봤다. 세상이 바뀌어야 할 이유가 충분하고 반드시 그렇게 되어야 할 이유도 넘쳐난다. 하지만 실제로 그렇게 될 것인가는 별개의 문제일 수 있다. 앞에서 딥테크가 그런 변화를 불러올 수단이며 그렇게 만들 것이라고 단언했지만 딥테크가 정말 세상을 바꿀 수 있을까?

먼저 딥테크가 세상을 바꿀 수 있을지를 짚어보기 위해 패러다임 전환이 쉽지 않아 보이는 사례를 통해 딥테크를 전망해본다.

철기 시대는 약 3,000년 전에 시작되었지만 여전히 철기 시대에 살고 있다고 할 만큼 물질문명의 모습을 결정하고 있다. 딥테크와 거리가 멀어 보이지만 기후변화에 대응하기 위해 반드시 극복해야 할 분야인 제철 산업을 들여다보자. 연간 18억 톤이 넘는 조강을 생산하면서 배출하는 많은 양의 탄소를 줄여야 하지만 개발된지 200년 가까이된 제강법이 아직도 그대로 쓰이는 걸 보면 대체

기술을 찾기가 쉽지 않아 보인다. 제철 산업은 기후변화에 대응하기 위해 풀어야 할 난제 중 가장 힘들어 보이는 대표적인 영역이므로 딥테크식 접근으로 새로운 친환경, 저탄소 혹은 탈탄소 패러다임을 정착시킬 수 있을지를 판단하는 잣대가 될 수 있다.[117]

현재 제철법의 기본은 철광석의 주성분인 산화철에 들어 있는 산소를 탄소와 결합시켜 빼내는 것(환원)이다. 탄소와 산소가 결합하여 이산화탄소를 생성해 배출하고 그 결과로 철이 만들어진다. 제철 산업이 탄소를 배출하지 않기 위해서는 탄소 대신 다른 환원제를 써서 철 산화물 중의 산소를 빼내야 한다. 탄소를 대체할 유망한 환원제가 수소다. 수소는 산소와 결합해 물을 만들기 때문에 탄소를 배출하지 않는다. 탄소 대신 수소를 써서 철을 만드는 연구[118]는 이미 1900년대 초에 있었으며 1911년 첫 특허가 나왔다. 이 방법으로 제철 공정을 최초로 설계한 것은 1973년 일본제철(Nippon Steel)이었다. 이후 스웨덴의 제철회사인 SSAB가 철광석 기업인 LKAB, 에너지 기업인 바텐폴(Vattenfall)과 공동으로 2016년 녹색 철강(green steel) 기술개발에 착수하였다. 2020년 파일럿 플랜트를 완성하였으며 2024년까지 수소저장 설비를 갖춘 다음 2026

---

117 제강 기술을 탈탄소화한다고 해서 기후변화의 모든 문제가 해결되는 것은 아니지만 상징성과 효과가 가장 큰 영역이므로 그 외 다른 부분에서 기후변화 난제를 해결할 가능성을 점쳐 볼 수 있다.
118 철광석을 녹이지 않고 환원가스를 써서 직접 환원하며 그 결과 스펀지 형태의 직접환원철(DRI, directly reduced iron)이 얻어진다.

년 시험 플랜트를 가동할 예정이다.

SSAB 이전부터 인도와 이란 등에서 여러 제철 기업이 유사한 기술을 개발해 왔다. 2016년 이후 직접 환원철(DRI)의 생산이 빠르게 늘고 있으며 2019년 1억 톤을 넘겼고 2021년 1억 1,900만 톤을 생산했다.[119] 아직 순수 수소가 아닌 탄소(코커스가 아님)나 일산화탄소와 수소가 혼합된 합성가스를 사용해 환원하므로 탄소배출을 완전히 줄인 것은 아니지만 기술적으로 수소 환원에 상당히 접근한 상태로 볼 수 있다. 그린(green) 수소 제조와 수소 인프라가 충분히 갖춰지면[120] 녹색 제철의 꿈이 완성될 수 있을 것이다. 신재생에너지를 이용한 수소 제조나 암모니아 가스를 수소 저장체로 활용하는 등 주변 기술 또한 빠르게 발전하고 있어 제철 산업이 탄소배출의 굴레를 벗어날 날이 머지않아 올 전망이다.

제철 산업에서와 마찬가지로 다른 산업에서도 저탄소 내지 탈탄소 기술, 환경친화적인 대체 기술들이 개발돼왔다. 제철 산업처럼 많은 양의 탄소를 배출하는 알루미늄 제조 산업에서는 탈탄소를 넘어 이산화탄소 대신 산소를 배출하는 기술이 2024년 상업화될 예정이다. 이렇게 탄소배출의 큰 부분을 차지했던 산업 영역에서

---

119 2021 World Direct Reduction Statics, 2022 Midrex Technologies (Sept. 2022).
120 제철 분야(DRI)는 수소 경제의 수요 부분에서 상당한 부분(약 3%)을 차지한다. (The hydrogen economy: Putting the pieces together, CRS (Congressional Research Service) Report R47487 (March 24, 2023))

탈탄소 기술이 차례로 산업화됨에 따라 세상은 분명히 바뀌게 될 것이다. 딥테크와 딥테크식 접근이 이런 변화를 촉진할 것이다.

딥테크 전망

2010년 이후 2022년까지 딥테크 부문에 대한 투자 동향은 다음 그림과 같다.[121] 2013년까지 투자가 느리게 증가했으나 2014년 이후 가속되었으며 2021년 최고치에 도달했다. 흥미로운 점은 2020년 이후 코로나 팬데믹으로 투자가 크게 침체된 환경에서도 2021년 및 2022년 딥테크 부문에 대한 투자는 오히려 크게 늘었다는 것이다.[122] 특히 시리즈 B 규모(1,500~4,000만 달러) 이상의 대형 투자 부분이 크게 늘었다. 코로나 팬데믹이 계속되던 와중에도 기술 위험과 시장 위험이 큰 딥테크 영역에 투자가 크게 확대된 것에 큰 의미를 부여할 수 있다. 딥테크의 파괴적 특성을 제대로 보

---

121 Dealroom.co의 홈페이지 게시 자료 인용.

122 딥테크 스타트업뿐만 아니라 일반 스타트업에 대한 투자도 2021년 이후 급격히 증가했는데 투자기관들이 코로나 팬데믹 이후 사회경제 전반에 큰 변화가 있을 것으로 예상하고 유망한 스타트업에 투자를 늘린 것으로 볼 수 있다(일반 스타트업보다 딥테크 스타트업의 증가율이 높다).

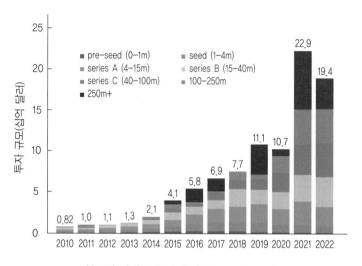

연도별 딥테크 투자 추이(딥테크 투자 단계별)

여준 바이온텍과 모더나의 mRNA 백신 성공이 영향을 미친 것도 있겠지만, 이전의 투자가 주로 바이오기술과 AI에 집중돼 있던 것에서 생성형 AI와 핵융합이나 핵분열이 포함된 에너지 영역이 주요 투자 영역으로 부상한 것에서도 보듯이 단순한 착시 현상이나 일시적인 현상이라기보다는 딥테크가 큰 흐름을 형성해 가는 궤도에 진입한 것으로 볼 수 있다.

최근 오픈 AI가 개발한 생성형 AI인 챗GPT가 AI 기술개발 경쟁을 새로운 국면으로 몰아가고 있으며 역작용에 대한 우려에도 불구하고 돌풍을 일으키고 있다. AI 외에도 양자 컴퓨팅을 포함한 양자기술, 꿈의 에너지인 핵융합이 심심찮게 매스컴을 타고 있다. 빌 게이츠(마이크로소프트), 제프 베이조스(아마존), 마크 베니오프(세

일즈포스), 샘 올트먼(오픈AI), 피터 틸(페이팔) 등 실리콘밸리를 대표
하는 투자의 큰손들이 핵융합에 투자하고 있는 것은 단순히 상징
적인 기술로서가 아니라 핵융합 스타트업인 헬리온 에너지(Helion
Energy)가 2028년 마이크로소프트사에 최소 50MW(메가와트)의 전력
을 공급하기로 계약할 만큼 현실에 가까워졌다고 보기 때문이다.
특히 이들의 핵융합에 대한 투자는 2021년 이후 집중되었는데 여
러 핵융합 스타트업이 2025년 상업적 제품의 시연을 계획하고 있
고, 최근 들어 핵융합 분야에 AI가 융합되면서 기술발전이 빨라진
것에서도 원인을 찾을 수 있다.

AI와 함께 향후 딥테크 발전을 뒷받침할 플랫폼 기술인 양자기
술, 첨단소재, 합성생물학, 로봇이 성장 엔진이 되어 딥테크 발전
을 가속시킬 것이다. 양자기술은 컴퓨터의 연산속도를 획기적으
로 향상해 복잡한 문제를 푸는 솔루션을 신속하게 제공함으로써
첨단소재의 구조나 공정을 설계하고 최적화할 수 있으며, 양자컴
퓨팅을 첨단소재의 개발에 활용해 소요 기간과 비용을 획기적으
로 줄이고, 탄소를 배출하지 않는 첨단소재가 개발되어 기존 소재
를 대체하게 될 것이다. 또한 합성생물학 공정을 소재 제조에 활
용하여 탄소를 배출하지 않고 미세플라스틱이나 환경 호르몬의
문제가 없는 친환경 소재의 개발이 가속될 것이며, 자율 기능을
가진 로봇이 생산, 물류, 이동(사람)을 제어해 생산성을 극대화하
고 탄소배출을 줄이게 될 것이다. 이런 급진적인 발전에 가장 큰

동력을 제공할 플랫폼 기술은 AI이며 AI는 그 자체의 발전은 물론 양자기술, 첨단소재, 합성생물학, 로봇 등 다른 플랫폼 기술의 발전을 가능하게 하는 수권 기능을 하고, 그들 간 상호작용을 촉진하는 역할을 함으로써 유망기술을 더욱 강한 엔진으로 발전하게 할 것이다.

딥테크는 난제 해결이라는 공익적인 성격만이 아니라 파괴적 기술혁신을 불러오므로 지속성을 확보하는 기반이 됨은 물론 대규모 수익을 창출하는 경제적 효용성을 갖고 있다. 따라서 최근의 급격한 투자 증가는 일시적인 현상이 아니라 지속 가능한 패러다임으로 전환해가는 과정으로 볼 수 있다. 그런 가능성은 연이어 등장하는 딥테크 유니콘 기업을 통해서도 가늠해볼 수 있다. 전체 딥테크 영역에 유니콘 기업이 얼마나 있는지 정확히 확인할 수는 없으나 일부 영역의 자료를 통해 추정할 수 있다.

2023년 1월 23일 현재 글로벌 기후 기술과 관련이 있는 유니콘 기업은 83개[123]이며 이들의 기업가치는 1,800억 달러 이상이다. 83개 유니콘 기업 중 21개가 2022년에 새로 진입한 기업이다. 유니콘 기업으로 성장한 기업의 연도별 추이를 보면 2015년 이후 2020년까지는 매년 10개 미만으로 느리게 증가하다가 2021년 28개 유니콘 기업이 탄생하는 급격한 증가를 보였다. 2022년에

---

123 HolonIQ 홈페이지 참조.

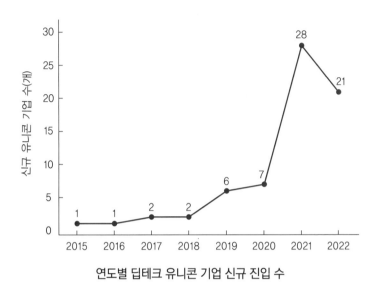

연도별 딥테크 유니콘 기업 신규 진입 수

는 21개 유니콘 기업이 등장해 전년보다 약간 줄어들었으나 2020
년보다는 3배 증가한 것으로 여전히 높은 수치를 보였다. 기후 기
술은 기후변화에 대응하는 기술로서 딥테크가 도전하는 대표적인
영역이다. 따라서 기후 기술을 포함하는 전체 딥테크 영역의 유니
콘 기업 수는 이보다 많을 것이다. 앞서 56~103쪽에 소개한 기업
중 일부가 여기에 포함돼 있어 전체 딥테크와 동떨어진 얘기는 아
니다.

VC는 난제를 해결하는 비즈니스라는 명분만으로 딥테크 스타
트업에 투자하지 않을뿐더러 딥테크 영역을 투자 대상으로 하는
전문 VC를 만들지도 않는다. 딥테크가 기존 영역보다 더 큰 수익
을 가져다줄 것으로 기대하기 때문에 투자를 확대하는 것이다. 딥

테크 스타트업에 투자하는 기관이나 개인의 가장 큰 관심은 실제로 비즈니스가 될 것이냐를 넘어 언제쯤 수익이 창출되고 그 규모가 얼마나 클 것인가에 있다. 일반 스타트업에 투자하는 것과 동등 이상의 수준이거나 수익 창출까지 기간이 길더라도 얻게 될 수익의 규모가 훨씬 더 크다면 투자할 것이다.

2022년 세계의 유니콘 기업은 대략 1,400여 개다. 기후 기술 분야의 83개 유니콘 기업은 전체의 약 6%를 차지한다. 창업이 활발한 이스라엘에서는 5개의 유니콘 기업 중 하나가 딥테크 스타트업일 만큼 딥테크 스타트업이 약진하고 있다. 유니콘 기업이 되기까지 걸린 기간을 조사한 자료를 보면 최빈값이 기업설립 이후 7년이었다.[124] 전체의 약 3분의 1에 가까운 32%의 기업이 창업 후 6~8년이 지나 유니콘 기업으로 성장하였다.

한편 기후 기술 분야 83개 기업이 유니콘 기업으로 성장하는 데 소요된 기간을 조사하면 같은 7년에서 최빈값이 나타나지만 3~4년 구간에도 상당한 빈도를 보이고 있다. 딥테크 유니콘 기업의 수가 충분히 하지 않은 관계로 단언할 수는 없으나 예상과 다르게 딥테크 영역의 스타트업이 일반 스타트업보다 오히려 더 짧은 기간 안에 유니콘 기업으로 성장하는 경향을 확인할 수 있다. 딥테크 스타트업의 성장은 전통적인 스타트업보다 적어도 느리지 않

---

124 원 자료는 유니콘 기업으로 성장하는 데 최장 45년의 자료를 포함하고 있으나 여기서는 비교를 위해 20년까지만을 표시하였다.

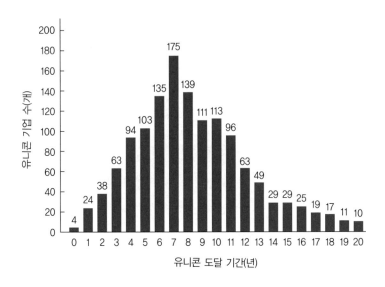

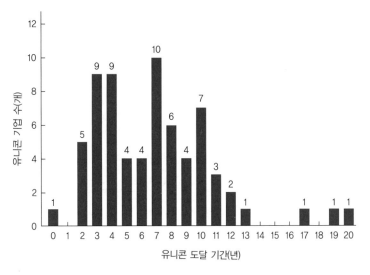

유니콘 기업 진입 소요 기간: 일반 스타트업(위), 딥테크 스타트업(아래)

을 뿐만 아니라 오히려 빠를 수도 있다. 2021년 이후 딥테크에 대한 투자가 급증하고 있는 배경이라고 볼 수 있다.

이런 비교 결과는 조사대상 기업의 수가 비록 적긴 하지만 딥테크를 사업화하는 데 긴 기간이 소요된다는 일반적인 생각과는 차이가 있다. 일반적인 생각이 틀렸다고 보기보다는 최근 몇 년 동안 달라진 환경에서 이런 차이가 생긴 원인을 찾을 수 있다. 2000년 이후, 특히 2010년 이후 AI, 나노기술, 첨단소재, 합성생물학 등 새로운 플랫폼 기술이 성숙단계에 접어들어 딥테크식 난제 해결에 큰 동력을 제공할 수 있게 되었다.

AI는 첨단 반도체 등 주변 기술의 발전에 힘입어 여러 차례의 침체(AI winter)를 극복하고 본격적인 성장 단계에 진입하였다. 나노기술 역시 20년 이상의 연구개발을 거쳐 산업적으로 활용이 가능한 단계에 접어듦에 따라 혁신적인 첨단소재 솔루션과 난제 해결에 필요한 환경 및 바이오 솔루션을 제공할 수 있게 되었다. 또한 합성생물학 분야가 생물학적 공정을 이용한 새로운 솔루션을 제공하는 수준으로 발전하였다. 이런 플랫폼 기술들이 난제 해결에 필요한 실질적인 솔루션을 제공할 수 있게 됨에 따라 공학적으로 장애가 되었던 부분을 극복할 수 있게 되었다. 따라서 딥테크의 기술 위험이 현저히 줄어들어 실패에 대한 부담을 줄일 수 있게 되었으며, 동시에 개발에 걸리는 기간과 비용을 획기적으로 절감할 수 있게 되어 시장 위험 또한 상당히 줄어들었다. 향후 주요 플랫폼 기술이 발전하고 상호 융합이 가속될수록 기술 위험과 시장 위험은 더욱 낮아질 것이므로 딥테크 스타트업이 넘어야 할 문턱은 점점 낮아질 것이다.

2023년 들어 조만간 지구 평균기온이 산업화 이전 대비 1.5℃ 상승하는 수준에 도달할 것이라는 비관적인 전망이 나오면서 2050년까지 기온 상승을 1.5℃로 억제하겠다는 목표를 크게 위협하고 있다. 기후변화에 대응하는 기술영역은 딥테크에서 가장 중요한 부분을 차지하는 부분이므로 향후 딥테크가 더욱 주목받게 될 여지가 충분하다. 기후변화의 영향이 심각해질수록 우리나라를 포함한 각국 정부는 대응에 골몰할 수밖에 없다. 따라서 SDG, NDC, ESG를 실행하기 위해 딥테크적 접근을 고려하지 않을 수 없으므로 정부는 물론 기업도 딥테크에 투자할 수밖에 없다. 단순히 기술을 개발하는 것에 목적이 있는 것이 아니라 산업적, 사회경제적인 성과를 창출해야 한다. 정부의 이런 활동은 딥테크 스타트업이나 딥테크 창업을 꿈꾸는 전문가에게는 기회가 된다. 딥테크 스타트업은 정부의 지원을 받아 기술 위험을 크게 줄임으로써 성공 가능성을 높이고 민간투자를 유치해 시장 위험까지 줄일 수 있다.

앞에서 봤듯이 많은 딥테크가 기술적으로 성숙되어 새로운 비즈니스를 찾고 있는 민간부문의 가시권에 들어와 있고 이런 바탕을 잘 활용한 몇몇 딥테크 스타트업이 돌풍을 일으키고 있다. 이

책을 준비하기 시작할 무렵 주목받는 정도였던 여러 딥테크 스타트업이 불과 2~3년 사이에 세계 주요 매스컴에 자주 등장할 정도로 성장하고 있다. 신산업 측면에서는 국가의 영역이었던 우주개발에 민간이 뛰어들면서 민간 우주산업이 급속도로 성장하고 있다. 한 번에 최대 143기의 위성을 지구궤도에 올려놓을 수 있고 추진체를 여러 번 재사용해 경제성을 확보하고 있다. 현재 2,000기 이상의 민간 위성이 지구궤도를 돌고 있고, 매주 50기 이상의 인공위성을 궤도에 올려놓고 있다. 민간 우주산업이 이렇게 빠른 속도로 발전할 수 있는 배경에는 기후변화로 인한 재해의 모니터링, 작황 예측, 안전한 물류 등 새로 등장한 비즈니스가 있다. 지구 밖에서 전력을 생산하고 우주자원을 개발하는 비즈니스도 머지않아 나타날 전망이다.

딥테크가 대세가 될 것이 분명하다고 앞에서 말했다. 그렇게 되기 위해서는 딥테크가 출현하기 이전의 세상과 그 이후의 세상을 구분할 수 있을 만큼 크게 변해야 하고 계속해서 변화를 심화해가야 한다. 딥테크가 세상에 미칠 영향은 인터넷이 세상을 바꾼 정도가 될 것이다. 딥테크를 기반으로 하는 신산업이 차례로 등장하면서 그동안 연구실에서 잠자고 있던 과학지식이 시장으로 쏟아져 나오고, 학문의 세계에 머물러 있던 전문가들이 딥테크 창업에 나서는 환경이 만들어질 것이다. 비즈니스 역시 승자독식의 경쟁체제가 아니라 공동의 목표를 달성하기 위해 공학적 솔루션을 함께 개발함으로써 최대 이익을 창출하는 협력 체제가 자리 잡을 것이다. 딥테크가 주도하는 변화는 하드웨어적인 요소가 강하므로 세상의 모습 자체를 완전히 바꿔놓을 것이며, 딥테크로 글로벌 난제가 해결된 세상은 인간과 자연이 공존하면서 발전하는 공간이 될 것이다.

에필로그

새 술은 새 부대에 담아야 한다. 새로운 술을 제대로 맛 보려면 새로운 그릇에 담아야 한다. 새로운 형태의 기술은 이전의 산업체계나 제도에 부합하지 않는 경우가 많다. 이전의 체계나 제도를 고집하면 새로운 기술 패러다임이 자리 잡지 못한다. 죽음의 계곡은 한 번의 과감하고 큰 도약으로 건너야 한다. 한걸음에 건너지 못하면 죽음의 계곡에 떨어져 죽는다. 위기는 점진적으로 극복하기보다 어렵더라도 한 번에 극복하는 것이 좋다.

기술 자체로서의 딥테크는 새롭지 않을 수 있다. 기술을 보는 눈이 달라지는 것이며 추구하는 방향이 다를 뿐이다. 같은 기술이라도 보는 시각이 달라지면 접근하는 방법이 달라지고 다른 결과를 낳게 된다. 지속 가능한 발전이라는 렌즈를 통해 기후변화나 환경보호의 미래를 보는 것이다. 다행히도 우리 주위에는 쓸만한 과학기술 자원이 많이 있다. 그동안 가성비 중심의 관성을 버리지 못해 간과했거나 무관심했던 기술들이다. 현재의 과학기술 중에도 쓸 수 있는 기술이 많이 있다. 지금까지의 생각의 틀, 제도의 틀을 허물어 가려져 있던 기술을 세상 밖으로 나오게 해야 한다.

지금까지 기후변화나 환경오염에 대응하는 노력을 해왔으나 그동안의 과학기술 패러다임을 벗어나지 못했다. 그러다가 막다른 골목의 끝까지 왔다. 이전에는 위험한 기회, 위기(危機)로 보였던 것이 이제는 새로운 기회, 비즈니스의 기회가 되었다. 위기가 기회임을 간파한 투자자들이 딥테크에 투자를 급격히 늘리고 있고, 새로 생기는 스타트업의 반 이상이 딥테크 스타트업이며, 스타트업 투자의 60% 이상이 딥테크에 투자되고 있다. 딥테크가 지구적 난제를 해결하는 수단일 뿐만 아니라 지속 가능한 성장을 뒷받침할 바탕이 될 것임이 분명해지고 있다.

곧 딥테크가 기후변화와 환경문제를 해결하고 지속 가능한 성장을 뒷받침하는 방식으로 자리 잡게 될 전망이다. 그러나 딥테크가 성장해갈 환경은 아직 척박하다. 현재의 난제를 만든 기존의 패러다임에서 딥테크가 성장하는 데는 한계가 있다. 딥테크를 수용하고 성장 환경을 제공하는 새로운 생태계가 구축되어야 빠르게 성장할 수 있다. 우리는 다른 나라에 비해 딥테크 출발이 늦었다. 이제야 딥테크에 관한 얘기가 조금씩 나오고 있다. 전문가, 기업가, 투자자, 정부 등 딥테크의 이해관계자 모두 적극적인 관심을 가질 필요가 있다.

미래를 예측하는 가장 좋은 방법은 미래를 창조하는 것이라고 했다. 우리의 미래가 파멸되도록 방치하는 것이 아니라 지속 가능한 삶이 보장되는, 자연과 공존하는 인간 세상을 만들어가야 한다. 딥테크가 만드는 미래의 뼈대를 미리 설계하고 차례로 살을 붙여가야 한다. 현재를 도전의 기회로 보고 딥테크 비즈니스에 뛰어드는 전문가들이 나타나고, 딥테크를 새로운 투자 대상으로 보고 적극적인 투자에 나서는 투자자도 있다. 딥테크를 글로벌 난제를 극복하는 수단으로 보고 정책을 짜고 있는 세계 각국의 움직임도 생겼다.

현재의 지구적 위기가 큰 기회임은 분명하고 반드시 극복해야 할 대상임은 의심할 여지가 없다. 하지만 가는 길이 순탄하지만은 않을 것이다. 회의(懷疑)가 있을 수 있고 갈등(葛藤)도 있을 수 있다. 과학지식이 부족해서 새로운 발견이 나타나기를 기다려야 할 수도 있다. 하지만 딥테크가 자리를 잡으면 잡을수록 이런 어려움은 빠르게 사라질 것이다. 딥테크가 불러올 거대한 파도를 슬기롭게 타야 한다. 거대한 파도 너머의 새로운 세상을 끌고 가는 주체가 되어야 한다.

이 책이 딥테크에 대한 이해를 높이고 딥테크가 불러올 대변혁을 준비하는 계기가 되기를 바란다.

2023년 들어 딥테크가 직접 언급되진 않더라도 딥테크 기업에 관한 보도가 줄을 잇고 있다. 2023년 후반 언론에 보도된 몇 가지 사례를 소개한다.

챗GPT 발표 이후 AI에 관한 관심이 높아지면서 딥테크로 분류되는 AI가 다른 딥테크 영역에도 영향을 미치고 있다. 첨단소재 분야에 AI를 적용하여 개발 시간과 비용을 크게 줄일 가능성을 엿보이고 있다. 구글 딥마인드는 AI로 220만 개의 새로운 물질구조를 찾아냈고, 그중 38만 개 이상의 구조는 안정성이 있어 보인다. 이 새로운 소재에는 차세대 배터리 소재, 초전도 소재 등이 포함되어 있고, 이미 실험을 통해 개발된 소재, 즉 실제로 증명된 소재들이 포함되어 실용성이 높은 것으로 평가된다. 지금까지 확인된 안정성이 있는 화합물이 4만 8,000개 정도임을 고려하면 기존의 실험 방식으로 800년이 걸릴 일을 단번에 한 것으로 평가받을 정도다. 이러한 예측과 함께 미국 로렌스버클리 국립연구소의 로봇 실험실인 A-랩과 같이 로봇이 물질을 스스로 선택하여 합성하는 실험을 연중무휴로 자율적으로 실행하게 됨에 따라 첨단소재를 개발하는 속도는 더욱 빨라질 것으로 예상된다.

우주항공 분야의 딥테크 발전이 눈부시다. 그동안 미래의 일로 여겨졌던 비행택시(플라잉택시)가 안전성과 소음 문제를 해결하고 조만간 상업 비행에 들어갈 전망이며, 2032년 370억 달러 이상의 시장으로 성장할 것으로 보인다. 우리나라의 현대를 비롯하여 미국의 아처(2025년)와 조비(2025년), 독일의 에어버스(2025년)와 볼로콥터(2024년), 중국의 이항홀딩스(2023년), 영국의 버티컬에어로스페이스(2026년) 등이 상업화를 서두르고 있다. 우주 분야에서는 1단 로켓을 18회 재사용하는 수준으로 기술이 발전하면서 1kg당 발사 비용이 6만 5,000달러(우주왕복선 발사 비용을 2023년 화폐가치로 환산)에서 3,800달러로 낮아져 우주 시장이 활짝 열렸다. 1단 로켓을 넘어 2단 로켓, 페어링 등 우주선 전체를 재활용하게 될 날도 머지않아 보인다.

AI와 함께 딥테크 시대의 중요한 엔진이 될 양자컴퓨터 역시 성능이 매년 2~3배씩 향상될 정도로 발전이 가속되고 있다. IBM은 이미 기존의 슈퍼컴퓨터와의 경계 수준인 1,000큐비트를 넘는 1,121큐비트 양자컴퓨터를 공개하였다. 이런 추세가 이어진다면 수년 내 양자컴퓨터가 연구개발이나 산업현장에 투입되어 기초과학은 물론 첨단소재, 반도체, 제약 분야 등에 혁명적인 변화를 불러올 것이며 10년 후쯤에는 양자컴퓨터가 범용으로 활용될 수준이 될 것으로 전망하고 있다.

그 외에도 탄소를 줄이는 데 극적인 변화를 불러올 합성바이오 기술을 이용한 배양육이나 신물질 합성, 레이저빔을 집중시켜 에너지 생산을 실현한 핵융합 기술, 안정성과 핵확산의 우려가 없는 새로운 원자력 발전 기술, 뇌에 이식한 전극을 이용해 사람의 생각을 읽어 장애와 질병을 극복하고 지능을 증강하는 뇌-컴퓨터 인터페이스(BCI) 기술의 가능성이 확인되는 등 주목할 만한 성과들이 발표되었다. 이런 기술발전은 산업계로 확산되고 있다. 일본에서는 50개가 넘는 기업이 연합하여 핵융합 산업과 비즈니스 창출을 도모하고 있다. 기업들이 딥테크(핵융합)의 상업적 실현에 필요한 안전기준을 마련하고 기술 표준화에 나선 것이다.